JOAQUIM CRUZ
Estratégias de Preparação Psicológica: da Prática à Teoria

© 2008 Casapsi Livraria, Editora e Gráfica Ltda.
É proibida a reprodução total ou parcial desta publicação,
para qualquer finalidade, sem autorização por escrito dos editores.

1ª Edição
2008

Editores
Ingo Bernd Güntert e Christiane Gradvohl Colas

Assistente Editorial
Aparecida Ferraz da Silva

Produção Gráfica & Editoração Eletrônica
Carla Vogel

Capa
Carla Vogel - Sobre fotos do acervo do Instituto Joaquim Cruz

Revisão Gráfica
Christiane Gradvohl Colas

Dados Internacionais de Catalogação na Publicação (CIP)
(Câmara Brasileira do Livro, SP, Brasil)

Rubio, Katia
 Joaquim Cruz, estratégias de preparação psicológica : da prática à teoria /
Katia Rubio. -- São Paulo: Casa do Psicólogo®, 2008. — (Coleção psicologia do
esporte/dirigida por Katia Rubio).

 ISBN 978-85-7396-600-8

 1. Esportes 2. Esportes - Aspectos psicológicos 3. Esportes - Competições
4. Eventos especiais 5. Responsabilidade Social   I. Rubio, Katia.
II. Série.

08-09860   CDD- 796.092

Índices para catálogo sistemático:
1. Atletas : Biografia 796.092

Impresso no Brasil
Printed in Brazil

Reservados todos os direitos de publicação em língua portuguesa à
Casapsi Livraria, Editora e Gráfica Ltda.
Rua Santo Antônio, 1010 Jardim México 13253-400 Itatiba/SP Brasil
Tel.: (11) 45246997 Site: www.casadopsicologo.com.br

Patrocínio

Coleção
Psicologia do
Esporte

Dirigida por Katia Rubio

Conselho Editorial
Adriana Bernardes Pereira, doutoranda em Psicologia Social pela PUC-SP; professora adjunta I da Universidade Católica de Goiás.
Antonio Roberto Rocha Santos, doutor; professor do curso de Educação Física e coordenador do Laboratório de Psicologia do Esporte da UFPE
Luciana Ferreira Angelo, mestre em Educação, psicóloga do Instituto do Coração da FMUSP

JOAQUIM CRUZ
Estratégias de Preparação Psicológica: da Prática à Teoria

Katia Rubio

Casa do Psicólogo®

Sumário

Introdução 07

Quem é Joaquim Cruz, por Katia Rubio 11

Os sonhos e a superação das fronteiras 27

Contendo a ansiedade ou como controlar os dragões 53

Imaginação e criação de estados mentais 77

Superando as lesões e a dor 99

Preparando-se para a transição de carreira 123

Uma síntese: a afirmação de um modelo heróico 145

Bibliografia 147

Introdução

Uma Trajetória Construída na Prática

Este livro foi a decorrência natural de um outro projeto. Ao realizar a pesquisa Heróis Olímpicos Brasileiros, encontrei Joaquim Cruz para que ele me contasse sua história de vida. Para minha surpresa, não apenas ele me contou sua história como a narrou com muitos detalhes em uma entrevista que precisou de dois encontros e somou quase oito horas. Sendo eu uma psicóloga do esporte, os detalhes de sua carreira, como a preparação para a competição, as estratégias utilizadas em treinamentos e em provas e os procedimentos adotados na superação das cirurgias e dos tratamentos de lesões me chamaram a atenção, não apenas pela eficiência, mas por terem sido construídas de maneira intuitiva.

Ao final da entrevista, pedi permissão a Joaquim para fazer uso daquelas informações na confecção de um artigo científico sobre estratégias mentais e preparação psicológica em competição de nível olímpico. Depois de pensar um momento, Joaquim ousou um pouco mais e me desafiou a pensar em um livro. Passados alguns anos, após trocarmos algumas correspondências, nos encontrarmos ainda no Brasil e em San Diego chegamos a esse formato no qual seriam descritos os procedimentos adotados por ele ao longo de sua carreira esportiva e comentá-los e analisá-los sob a ótica da Psicologia do Esporte.

Estratégias de preparação psicológica: da prática à teoria é um livro prático e teórico que se propõe a apresentar as estratégias psicológicas desenvolvidas e utilizadas por Joaquim Cruz, atleta campeão olímpico, duas vezes medalhista, com uma carreira que marcou a história do atletismo mundial. Neste livro, será possível encontrar indicações de como controlar a ansiedade competitiva mantendo o nível de ativação necessário para o bom desempenho no momento da competição, como manter a motivação elevada em períodos de treinamento árduo, como superar a lesão e o período pós-operatório e retornar ao treinamento, como se retirar da vida competitiva e continuar a fazer planos para o futuro, mantendo uma existência digna.

O livro propõe-se contar e comentar uma história de vida repleta de estórias de superação, de determinação, de esperança e de autoconfiança explicáveis à luz da Psicologia do Esporte. Dirige-se àqueles que são sensíveis aos inúmeros detalhes que cercam a vida de um atleta, bem como a todos os que gostam e acompanham os que se dispõem a ousar. Quando as ouvi pela primeira vez, vi diante de mim a aplicação de toda a teoria que ensino no curso de Psicologia do Esporte que coordeno.

Não nos comprometemos a seguir uma linearidade cronológica como em uma biografia, mas nos apegamos a temas considerados universais a carreiras atléticas e também singulares pela forma como Joaquim lidou e conviveu com eles ao longo de sua trajetória. A partir da narrativa da história de vida de Joaquim Cruz foram recortadas algumas passagens consideradas exemplares de situações vividas pela maioria dos atletas tanto de modalidades individuais como coletivas. Sendo assim, o texto não obedecerá a uma cronologia da carreira do atleta.

Espero que este livro possa contribuir para aqueles que praticam esporte, que estudam a Psicologia do Esporte ou que tenham curiosidade em conhecer as estratégias utilizadas por alguém que por muito tempo viveu próximo do limite, sem fazer uso de nenhum outro recurso que não sua própria vontade e habilidade.

Poucos foram aqueles que puderam conquistar uma medalha olímpica de ouro. Menos ainda aqueles que se dispuseram a compartilhar essa experiência.

Este livro não seria possível sem a disposição e empenho de algumas pessoas.

Começo pelo meu editor, Ingo Guntert, que desde o princípio acreditou no projeto e disponibilizou recursos para que eu finalizasse essa obra junto a Joaquim Cruz em San Diego, EUA.

Aos hoje gestores e administradores de instituições que fizeram parte da vida de Joaquim Cruz e agora colaboram na materialização desta obra.

E, como sempre, ao meu filho Toshihiro Rubio Nishida e meu companheiro Flavio de Godoy Moreira, por me trazerem para perto mesmo quando estou longe e absorvida pelo trabalho.

Profa. Dra. Katia Rubio
Centro de Estudos Socioculturais
do Movimento Humano
Escola de Educação Física e Esporte - USP

Quem é Joaquim Cruz

Quando eu já estava praticando atletismo eu vi os Jogos Olímpicos pela televisão. Eu vi a prova do Agberto. Ele saiu chorando, falando que ele merecia uma medalha... Ele ficou em quarto, uma colocação bem maldosa! Quarto lugar. Eu lembro ter escrito no meu diário, naquela noite, que quando eu fosse na minha primeira Olimpíada, eu queria ir pra ganhar.

De Taguatinga para o mundo. Um sonho que começou nas quadras de basquete e que se concretizou nas pistas de atletismo. Assim é a vida de Joaquim Cruz, duas medalhas olímpicas, uma de ouro e outra de prata, e uma vida repleta de histórias que reforçam a condição heróica do atletismo e de quase todo o esporte brasileiro.

Um menino que na infância, junto aos amigos de bairro, fazia planos de ser alguém no futuro. O que queria dizer "ser alguém" para quem vivia em uma cidade-satélite da capital federal? Esse alguém, como a antítese de Odisseu travestido de ninguém no embate com o Ciclope na Odisséia de Homero, representava ter uma identidade, construir seu próprio espaço em um tempo e lugar onde o mesmo da mesmice parecia ser o fim de todos. Não estava em questão qual atividade ou quem seria o ídolo a ser perseguido: a questão central nessa aventura heróica era sonhar com algo que o pusesse em movimento na direção de um mundo melhor.

Sexto filho de uma família que migrou do Piauí para Brasília, logo após sua construção, Joaquim guarda na memória e no corpo as lembranças de uma infância construída em uma área cedida pelo governo com o direito de compra na capital federal e credita a essas vivências o nível de habilidade física alcançado para ser o atleta que se tornou.

Havia um terreno e uma mata perto de casa. Limpamos a área, cortamos as árvores para fazer as traves e construímos um campo de futebol... Aprendi a nadar nas poças de água. Quando chovia, a gente ia pra poça de água depois da enxurrada, nadava naqueles buracos, brincava na rua e caçava passarinho na mata... Isso faz parte da minha vida, do meu crescimento, da minha liberdade de explorar o ambiente.

Foi a partir do contato com a escola, no entanto, que a vida de Joaquim começou a se transformar. Sua experiência escolar foi vivida no colégio do bairro onde habitava. E, assim como o bairro, era sem recursos e parecia esquecida. O desejo de buscar novos horizontes começava pela conquista da escola do bairro vizinho, com mais recursos e muitas outras perspectivas. Essa escola, patrocinada pelo SESI, era freqüentada por outra comunidade e apresentava um currículo que incluía aulas de educação física desde a primeira série e também um imenso reforço para quem a comida de casa era contada: um lanche. E assim os horizontes daquele que buscava ser alguém começaram a se ampliar. As habilidades motoras desenvolvidas nos primeiros anos de vida puderam aqui ser observadas e ampliadas por um professor atento e dedicado que não se conformava com o "não" a seus convites, recebido exatas três vezes.

Joaquim queria ser jogador de basquete. A estatura e o perfil longilíneo ajudavam a preservar esse sonho. Além disso, o basquete o fazia sonhar com outras terras, outros mundos. Em uma clínica de basquete ministrada pelo técnico da George Washington University, em Brasília, Joaquim participou como demonstrador e causou grande impressão por sua habilidade e pelas características físicas, o que acabou por lhe valer o par de tênis do professor como presente e a promessa de uma vaga na universidade americana depois da conclusão do ensino médio no Brasil. Esse momento ficou registrado na história de vida de Joaquim por dois motivos: pela possibilidade de jogar basquete nos Estados Unidos, mas principalmente por começar a estudar para ingressar na faculdade, objetivo nunca cogitado nem por ele, nem pela família.

> Jogar basquete nos Estados Unidos, era um sonho de todo basqueteiro! Mas uma coisa que na minha casa nunca se falava era em universidade... Entre os colegas de rua, achávamos que filho de pobre não tinha direito de cursar a universidade. A partir disso, eu comecei a rachar nos livros e jogar basquetebol. Comecei a levar os estudos um pouquinho mais a sério.

Mas, parte dos planos começou a sofrer uma mudança quando o professor da escola insistiu em um teste no atletismo para provas de meia distância. Depois de recusar o convite, (em silêncio) Joaquim aceitou participar dos Jogos Estudantis do Distrito Federal com a condição de experimentar algo novo, pois todos sabiam que aquela modalidade não o agradava. Com a anuência do técnico de basquete, Luis Alberto, que depois veio a se tornar seu técnico nas pistas de atletismo, o aprendiz de campeão fez seu primeiro treino cronometrado de 1500 metros, registrando uma marca de 4'47".

Apesar do bom tempo, a idéia de treinar sozinho e de ficar longe dos colegas de time não o agradava. Fugiu de treinos, tentou driblar o técnico, mas foi em vão. Convencido a

participar da competição, ganhou sua prova com o tempo de 4'19"02, alcançando índice para um campeonato estudantil nacional. Aos 14 anos Joaquim Cruz estava correndo com atletas de 18 anos e terminou a competição em terceiro lugar, com 4'03". Apesar da dúvida inicial, a certeza da carreira dentro do atletismo começava a se firmar nos planos daquele adolescente tímido de Taguatinga que ao participar de sua primeira prova internacional, um campeonato sul-americano no Uruguai, voltou para casa com três medalhas de ouro.
Qual o segredo daqueles resultados?
Uma dose a mais daquilo que atletas destacados têm de sobra: superação.

Uma coisa que me diferenciava de outros atletas: a intensidade com que eu praticava o esporte. Hoje tinha que ser melhor do que ontem, amanhã tinha que ser melhor do que hoje, sempre. Eu era um atleta intensivo e o Luis Alberto era um treinador super-intensivo. A gente fazia resultados que os outros chegavam a pensar que a gente estava usando alguma coisa... Mas, na verdade o que se passava era que o Luis buscava todos os dias o melhor treino e eu também.

Contra o argumento de que seus resultados eram fruto de talento natural, dispara uma resposta certeira: não fosse a determinação de seu técnico em oferecer um treino com atividades variadas e com muita exigência, talvez seu talento tivesse permanecido esquecido nos campos de futebol de terra ou nas quadras esburacadas de Brasília.

E nesse momento a determinação em ser alguém emerge como resposta unívoca, uma vez que a competição não significava superar ao outro, mas a si próprio. Representava buscar uma marca estabelecida por ele mesmo e seu técnico, dentro das metas estabelecidas por ambos, o que significava treinar mais que qualquer outro, em qualquer momento do ano, em qualquer lugar onde estivessem. E ainda como juvenil pôde experimentar as provas nacionais mais importantes, com resultados vitoriosos e recordes e as primeiras experiências internacionais também positivas, que afirmaram a permanência na modalidade e a determinação em treinar mais e mais forte. Foi também o início do domínio de técnicas que permitiram um maior controle sobre seu corpo, potencializando suas habilidades e treinos. Esse tipo de preparação iria marcar os momentos mais importantes de sua carreira.

Em 1981, eu fui para o Troféu Brasil. Corri 1'44"3 e bati o recorde de adulto e mundial juvenil. Naquela tarde eu estava super sereno, tranqüilo e descansado. Estava em paz. Minha mente parou por algumas horas. Quando entrei na pista para aquela corrida, estava tão envolvido emocionalmente que eu não tinha controle nenhum sobre meu corpo. Estava sedado. Os primeiros 200 metros eu corri sem sentir nada.

Em 1981, começou a realização do primeiro sonho: estudar e morar nos Estados Unidos. Primeiro, em Provo, Utah, cidade de mórmons e muita, muita neve no inverno, que o obrigava a praticar em pistas fechadas, alterando sua forma de viver e de treinar. Foi um tempo de adaptação a um novo país, de aprendizagem de um novo idioma e de muitas, muitas novidades.

Depois veio Eugene, em Oregon, capital americana do atletismo e o ingresso na Universidade, onde permaneceu por cinco anos e pôde experimentar o acolhimento de uma comunidade que vibrava com seus resultados, tanto na universidade como nas competições internacionais.

As dificuldades que surgiam reforçavam ainda mais sua determinação em levar adiante um projeto de infância. Primeiro, foi aprender e dominar um novo idioma, que lhe permitiria se comunicar e se adaptar ao novo país. Paralela e simultaneamente a isso, era preciso aprender a lidar com o produto de seu estilo de treinar e viver no limite, as contusões, um fantasma que já começava a surgir poderoso em sua vida. Dessa experiência, algumas lições foram tiradas; por exemplo, o isolamento compulsório, tanto pela restrição do idioma como pela imobilização causada por contusões obrigaram-no a se dedicar aos estudos, garantindo a entrada na universidade. Ou seja, a restrição imposta pela contusão poderia resultar em alguns benefícios, tanto nessa situação como em outras que estavam por vir. E cedo Joaquim aprendeu que uma situação pode ser ruim, ou pior que isso, dependendo da forma como é interpretada e significada. Esse estilo de encarar as dificuldades e os desafios marcou sua vida e carreira de tal forma que mesmo diante das situações insolúveis, segundo seus companheiros de jornada, era possível encontrar uma solução para permanecer na jornada.

O caçula dedicado de seis irmãos da família Cruz começava a realizar seu grande sonho.

O ano de 1983 ficou marcado como muito especial para Joaquim Cruz. Representou sua introdução no circuito americano e o primeiro recorde no campeonato universitário. Rapidamente, deixou de ser mais um atleta estrangeiro a competir no disputado campeonato americano para ser o recordista. Não bastasse isso, foi também um ano de preparação física e mental intensiva para os Jogos Olímpicos de Los Angeles. As provas e os treinos foram planejados e executados mentalmente de forma intensiva ao longo de vários meses antes dos Jogos. E foi dessa forma que ao longo daquele ano ele experimentou uma incrível sensação de que alguma coisa muito boa estava por acontecer. É importante ressaltar que e essa sensação não vinha de algo transcendente, mas de situações vividas no cotidiano, construídas diariamente nos treinos em pista e no treinamento mental realizado meticulosamente para o enfrentamento de cada desafio que se apresentasse, fosse em treinos ou em competições.

A terceira colocação no campeonato mundial foi entendida como resultado de uma etapa da periodização do treinamento. Isso parecia pouco para um atleta que estabeleceu como tática e estratégia de vida e de treino correr na frente, independentemente de quem fossem seus adversários ou da prova a ser corrida. Não havia muito a fazer. E que os demais o seguissem. Mas a prudência o fazia enxergar seu objetivo final, que eram os Jogos Olímpicos no ano seguinte.

Os dias eram preenchidos com treinamentos intensivos na pista da universidade, muito estudo, que resultou na aprovação com notas máximas nas disciplinas cursadas e assim cada um dos dragões que habitavam seu universo interior foi sendo domado.

O meu trabalho de base em 1983 não havia sido um dos melhores e mesmo assim consegui obter bons resultados. No final do ano, durante o período de férias, refleti sobre os meus resultados e deduzi que um trabalho mais completo me colocaria em condições de vencer qualquer competição no futuro. Assim decidi que ia trabalhar para competir por uma medalha nos Jogos Olímpicos de Los Angeles... Quando iniciei o trabalho de base em outubro de 1983 sentia a cada dia que alguma coisa boa ia acontecer. Fui executando os treinamentos e aquela sensação foi aumentando, aumentando... Não falei nada para ninguém para não estragar o sentimento. Eu sabia que a Olimpíada esta-

va para chegar e me preparava para isso... No ano de 1984, aconteceram muitas coisas positivas na minha vida. Foi incrível! Também foi o ano em que eu conheci minha futura esposa. Eu estava amando, pela primeira vez, de uma forma bem intensa. Eu estava em paz comigo mesmo, com Deus, com minha família. Então, eu me sentia uma pessoa completa. Às vezes eu andava na rua, sozinho, como se estivesse no meu paraíso, e todos os dias eu ia dormir à noite torcendo para que a noite passasse rápido para eu viver o dia seguinte.

E assim aconteceu Los Angeles, 1984. No dia que antecedeu a competição Joaquim sentiu necessidade de estar só consigo mesmo e aproveitou para 'passear' pela pista de atletismo, revisitar seu passado, relembrar das várias competições vividas, dos treinamentos intensivos sozinho e com seu técnico e reviver os vários momentos de sua carreira incorporando às experiências vividas a que estava por vir, traduzindo na palavra paz a sensação que antecedeu aquela prova.

As eliminatórias foram corridas como se cada uma delas fosse a prova final, dentro de um estilo já cunhado pelo atleta. Qual era a tática?

A tática era vencer a prova! Não importava o ritmo. Quando o objetivo de um atleta é vencer, o foco é encontrar ou criar uma forma de realizar esse objetivo.

Até que chegou o momento da grande decisão. Começou no aquecimento, com a observação dos adversários e a apropriação de um espaço que lhe parecia tão familiar, quase o quintal de sua casa. Naquele último ano, Joaquim havia se acostumado a competir pela universidade em território americano contra os melhores atletas dos Estados Unidos e por que não do mundo, que estudavam e treinavam por lá. Competir com os melhores do mundo não o atemorizava. Com o tempo ele pôde se apropriar de uma sensação intensa de controle sobre si e sobre a situação. Isso também se dava na relação com o público no estádio. O som da torcida era ouvido como o zumbido de uma grande colméia, uma massa sem rostos.

Eu não conseguia ouvir nada. O povo parecia que estava derramado naquele estádio. Ficava só um barulho como se fosse abelha no meu ouvido.

O objetivo era sair forte e não dar tempo para que seu maior adversário, o então recordista mundial Sebastian Coe, passasse à frente. E a profecia se deu conforme anunciada. A idéia de correr na frente se devia à percepção de que a prova, nessas condições, se passasse em câmera lenta com ele assistindo ao seu desenrolar, enquanto correndo atrás a sensação era de um esforço maior com velocidade menor. Faltando 100 metros para o final, ao terminar a última curva, toda a vivência do dia anterior se materializou em um *flow feeling*.

Quando eu passei os 700 metros, no finalzinho da última curva, parece que a pista se abriu e eu me senti enorme, como se estivesse voando. Voei durante 11, 12 segundos...

Meses antes, o síndico do prédio onde Joaquim Cruz morava lhe disse que iria assistir à final dos 800 metros. Pressentindo que um fato importante aconteceria, Joaquim buscou uma bandeira brasileira no apartamento e pediu ao síndico para lhe entregar no dia da final. Foi assim que a volta da vitória pôde ser cumprida, com a bandeira em punho, inaugurando um estilo que comemoração que veio a ser repetido por vários outros atletas, em diferentes gerações.

Depois da prova, veio ainda o pódio com direito a hino nacional e bandeira brasileira, que tão poucas vezes foi içada naquela posição, e uma enorme sensação de satisfação pela realização de um sonho mesclado com desejo. Tudo isso em apenas poucos minutos. A intensidade com que foi vivida essa vitória e os momentos de condecoração e comemoração acabaram por tirar Joaquim Cruz de seu estado ótimo de ativação, e de concentração, desencadeando um processo gripal que o afastou da competição dos 1500 metros, dois dias depois. Experimentar a intensidade de uma vitória olímpica, vivência reservada aos deuses e heróis, era uma experiência demasiadamente humana para ser repetida em tão pouco tempo.

Passada a irrealidade do sonho olímpico, o mundo das aulas, dos treinos, competições e... contusões, voltou ao seu fluxo normal.

O período que se seguiu aos Jogos de Los Angeles foi marcado pela adaptação à condição de campeão olímpico, referência de rendimento e de conduta para atletas do mundo inteiro. Se o trabalho dentro da pista não causava qualquer problema ou mal-estar a Joaquim Cruz, já acostumado a viver no limite, o mesmo já não acontecia quando era submetido ao brilho e à luz dos holofotes das emissoras de televisão.

Para sobreviver a isso e também evitar os desfiles em carros abertos e as intermináveis entrevistas, escolheu ir para a Europa correr o circuito que se iniciava imediatamente após os Jogos Olímpicos, e com isso ganhar um pouco mais de tempo para se adaptar à nova situação que se apresentava em sua vida. A plenitude do momento que vivia foi comprovada na prova corrida em Colônia (Alemanha) quando fez o melhor tempo de sua carreira nos 800 metros e ficou a poucos centésimos do recorde mundial.

Dessa forma, o agora campeão olímpico foi ganhando tempo para se acostumar com sua nova condição dentro do esporte mundial e se preparar para todos os desdobramentos que dela viriam. Suas marcas eram o objetivo dos demais atletas. E a sua própria era superar aquilo que já havia conquistado.

Era preciso estabelecer as metas para o futuro de curto, médio e longo prazos. Seu objetivo já estava traçado: Seul. A estratégia permanecia a mesma: correr na frente.

E foi com esse espírito que Joaquim atravessou os quatro anos que separaram os Jogos de Los Angeles dos de Seul. Manteve a disposição de treinar forte, de manter o foco de sua atenção nas pistas, sem se dispersar com atividades que pudessem tirá-lo de seus objetivos, acreditando que o momento vivido poderia ser repetido. Esses planos só eram alterados em decorrência das lesões que o levaram a realizar nova cirurgia. Mas, nem essas situações extremas o levavam a duvidar da execução e realização de seus sonhos.

A chegada a Seul foi animadora, com as atenções todas dirigidas a ele, campeão olímpico.

Entretanto, a concentração foi quebrada, logo em sua chegada, por um episódio físico: uma forte dor parecia ter acordado o monstro da contusão, porém bastaram dois dias de treinos leves para que o temor desaparecesse.

Foi, contudo, um episódio social que quebrou o clima divino vivido em Los Angeles. Um depoimento sobre o envolvimento de atletas com *doping*, após o episódio Ben Johnson, fez com que ele, que tanta aversão tinha a câmeras de tevê, estivesse no centro das atenções da mídia mundial. Um depoimento seu, editado intencionalmente por uma emissora brasileira, colocou-o em uma situação constrangedora de acusação a uma atleta norte-americana. O depoimento foi reproduzido por emissoras de todo o mundo, provocando diferentes reações em atletas, técnicos e dirigentes. Apesar do desconforto vivido naqueles dias e da quebra de um clima favorável para a competição, o episódio marcou a vida de Joaquim Cruz pelo reconhecimento dos demais atletas e da comunidade esportiva como seu representante no movimento tolerância zero ao uso de substâncias proibidas. Todos esses episódios ocorreram no intervalo entre as provas dos 800 e 1500 metros. E no meio daquele turbilhão, era preciso se preparar para mais uma disputa olímpica. Tendo a referência da experiência anterior, Joaquim tentou reproduzir os métodos e as estratégias que o haviam sagrado campeão quatro anos antes. Mentalizou todos os detalhes da prova: como enfrentaria os adversários, o que exigiria de seu corpo e como correria na frente, óbvio. E assim a prova se deu até os últimos 80 metros, quando ao olhar para um telão instalado no final da reta dos 100 metros, ele se viu em primeiro lugar. Essa situação era nova em sua vida e não estava em Los Angeles. Em uma fração de segundos ele perdeu a referência da prova e ganhou a medalha de prata. Um feito memorável para si e para o esporte brasileiro.

Venci todos os atletas que eu havia me preparado psicologicamente e fisiologicamente para vencer. Perdi exatamente para um atleta que eu não considerava. O fato de eu ter superado todos os meus problemas de contusões, operações, doenças e chegar ali e conseguir uma medalha de prata foi uma grande conquista. A medalha de prata tem um valor muito especial para mim.

Depois de Seul, novas contusões e cirurgias fizeram Joaquim Cruz experimentar a determinação de continuar sua carreira, mas com outro estilo de vida e de treinamento.

Após o retorno aos Estados Unidos mudou-se para San Diego e iniciou uma nova etapa em sua vida e seus treinamentos. A qualidade do treinamento agora já não se dava mais pela intensidade do limite com que era realizado no passado. À determinação de ser o primeiro agora se incorporava a experiência dos limites de seu corpo. Ninguém melhor do que ele próprio para saber o que e como fazer sua preparação. Mas, apesar disso ele ficou fora dos Jogos de Barcelona por problemas de saúde. A reabilitação das lesões exigia muito esforço e não dependia apenas de sua determinação em superá-las.

Isso o fez iniciar a preparação para o período de transição na carreira, que parecia se aproximar. Tido como um período importante em sua vida por viver de perto a realidade de atletas que tiveram a carreira marcada pelo papel de coadjuvantes, de número de raia para as provas dos grandes atletas, foi um momento em que Joaquim se sentiu novamente mortal. Mas a experiência de ser um campeão norteou esse momento, que pode parecer o fim, se conduzido sem orientação. E como fênix, Joaquim retornou ao mundo competitivo.

Depois de considerar a possibilidade de encerrar a carreira após tantas dificuldades surgiu um desafio suficientemente excitante para fazê-lo reconsiderar a decisão: durante o Troféu Brasil de 1992, em um momento de superação de uma contusão, um atleta da geração de Joaquim o provocou, dizendo que em caso de sua volta às pistas ele também voltaria. Permanece a dúvida se o desafio foi lançado numa alusão à disputa pela vaga na seleção nacional ou como uma ironia ao inexorável final da carreira de ambos. Independentemente da interpretação, o fato é que Joaquim tomou aquilo como um bom pretexto para retomar seus sonhos, e voltou.

Foi difícil superar as experiências de derrota de 1994. Joaquim viveu nesse período os momentos mais difíceis de sua vida, uma vez que não conseguia mais se colocar entre os atletas de ponta, identificando-se com um grupo que até então desconhecia: os perdedores. E quando ele se percebeu fazendo parte daquele time foi o momento da virada e da busca de seu antigo espaço.

Eu precisei conhecer um pouco da realidade daqueles atletas para saber o que o esporte era de fato. Como eu sempre corri para ser o primeiro, meus objetivos estavam bem claros. Eu chegava nas provas para correr e ganhar. Não tinha tempo para ficar me importando com a comida, o tamanho do quarto ou com o colchão. Mas esse era o universo dos perdedores. Eles precisavam dessas outras coisas para justificar as suas colocações.

Decidido a superar aquele momento, voltou para San Diego já planejando seu treinamento para participar do Troféu Brasil e conquistar a vaga para os Jogos Panamericanos de Mar Del Plata, em 1995. E assim o fez. Treinou com o afinco e a regularidade de sempre, preparando-se para mais aquele desafio.

Em Mar Del Plata, venceu a prova obteve o índice para os Jogos Olímpicos de Atlanta. Depois de ter sua história marcada pelo limite e pela busca constante do melhor desempenho, era chegada a hora de fazer uso da experiência acumulada ao longo dos anos de competição, reduzindo a carga de treinos, potencializando as habilidades já desenvolvidas e se guardando para uma participação diferenciada em Jogos que até então pouco conhecia: viver o espírito olímpico, participar dos Jogos Olímpicos como um medalhista reconhecido e respeitado e contribuir para a permanência do desejo de participação na construção do sonho de grande parte dos atletas de todo o mundo.

A recompensa por sua história de trabalho veio com a escolha pelo Comitê Olímpico Brasileiro para que ele fosse o portador da bandeira brasileira na cerimônia de abertura, distinção dada a poucos dos melhores atletas do país. Foi possível viver naquele momento mais o congraçamento, a diversidade de culturas, os colegas e os ídolos e menos a competição, a vitória. Era momento de regozijo.

Um dos objetivos para aquela Olimpíada era vivê-la realmente como ela devia ser vivida. Só faltava aquele momento na minha vida. Eu participei da festa e me deixei ser consumido por toda aquela energia. Uma hora estava rindo, outra hora estava chorando. Eu me deixei ser consumido pelo momento. E não me arrependo!

Essa experiência ajudou-o a preparar seu afastamento do mundo competitivo como atleta. Após tentar competir um pouco mais, novas lesões e contusões o fizeram finalizar sua carreira. Sem avisos, sem despedidas. A motivação para se manter treinando, competindo e se reabilitando de lesões já não era a mesma. Percebeu então que não bastava dizer que era o fim, era preciso alterar toda sua vida para que os vinte anos como atleta se convertessem em uma nova experiência, em que ele, Joaquim, poderia desenvolver e protagonizar novos papéis sociais. Tarefa nada fácil para um atleta como ele era. Foi preciso que transcorressem os Jogos Olímpicos de Sidney e que fosse vivida a experiência de vazio desencadeada por eles para que essa página do livro da vida do campeão olímpico fosse virada e um novo capítulo começasse a ser escrito.

O mesmo compromisso que Joaquim teve consigo próprio e com o esporte ao longo de seus 20 anos de vida competitiva ele mantém no desempenho de um novo papel social. Sendo agora um técnico, ele busca ensinar o que aprendeu com as vitórias e as derrotas, respeitando o tempo de cada pessoa com quem trabalha, praticando a paciência, que tanta companhia lhe fez ao longo dos períodos de concentração e de recuperação de contusões, certo de que é no respeito às particularidades que reside a boa convivência.

(Extraído de Medalhistas Olímpicos Brasileiros: histórias, memórias e imaginário. São Paulo: Casa do Psicólogo, 2006 e de Heróis Olímpicos Brasileiros. São Paulo: Zouk, 2004).

Os Sonhos e a Superação das Fronteiras

Neste capítulo, discutiremos algumas condições básicas que movem a vida de um atleta e que muitas vezes são nomeadas como a capacidade de sonhar e colocar em prática esse sonho. Dentro da Psicologia do Esporte, essa discussão pode ser encontrada em diferentes tópicos como, por exemplo, nos que se referem ao estabelecimento de metas, naqueles dedicados à motivação ou ainda na literatura mais recente sobre a paixão.

O atleta de alto rendimento é reconhecido por sua condição diferenciada da média da população. Ele se distingue de seus colegas de grupo não apenas quanto ao nível de habilidade motora, mas também por suportar um estilo de vida que envolve inúmeras restrições, exige disciplina e uma capacidade de superação de frustração acima da média. Essa situação ocorre em sua vida desde o momento em que ele entende que a prática do esporte é uma condição vital de sua existência e resolve enfrentar não apenas a rotina de treinamentos e competições, mas também abdicar de várias outras atividades comuns à sua faixa etária, tanto na adolescência como na idade adulta.

Na voz de Joaquim Cruz

Me apaixonei pelo basquete logo nos primeiros contatos com a bola, mas aprendi a gostar do atletismo por causa das oportunidades que o esporte ofereceu no início. Das viagens internacionais pela seleção brasileira, das vitórias, das entrevistas nos jornais e da possibilidade de realizar o meu sonho de ir para os Estados Unidos.

É possível afirmar que esse modo de pensar e de agir está relacionado com o que denominamos motivação intrínseca, uma condição inerente do atleta de alto rendimento. Isso porque, para persistir na busca de um objetivo ele independe do reforço de agentes externos, ou seja, o único descanso possível se dá após a realização do objetivo, que pode demorar anos para se concretizar, a depender das estratégias adotadas na busca da meta, ou diariamente, após cada treino, ao observar com satisfação a superação de uma dificuldade ou a aquisição de uma nova habilidade. Mesmo diante de situações extremas, como a ocorrência de lesões que afastam o atleta por curtos ou longos períodos de tempo das atividades competitivas, a segurança do retorno é mais imperiosa do que o temor pelo final da carreira.

Outra característica que marca a vida de um atleta de nível olímpico é a determinação em persistir na realização de seu objetivo, mesmo que para isso ele tenha que provar para si e para os outros que as condições materiais das quais ele usufrui no presente não proporcionam qualquer indicação possível para a realização da meta, ou ainda abandonar o núcleo familiar, mudar de cidade e enfrentar todas as dificuldades de adaptação que uma mudança desse porte representa em sua vida.

Na voz de Joaquim Cruz
Em 1981 eu havia traçado algumas metas importantes para aquele ano. Uma delas era correr uma marca boa e conseguir uma bolsa de estudo para ir para os Estados Unidos. Perdi o meu pai no inicio de 1981 e foi um período muito difícil para a minha família. Consegui as marcas que havia desejado. Sentei com a minha mãe na cozinha e disse. "Mãe, eu sinto muito, mas a senhora vai perder mais um membro da família este ano. Eu vou para os Estado Unidos."

Todas essas situações apresentadas, em tese, logo acima, foram vividas e experimentadas por Joaquim Cruz ao longo de sua vida e de sua carreira como atleta. Assim como tantas outras crianças que viveram em um momento histórico onde não havia restrição de espaço, ele pôde correr, saltar e arremessar (as habilidades motoras consideradas básicas para o desenvolvimento humano), num processo de aprendizagem relacionado diretamente com a exploração do meio ambiente e com a resolução dos problemas cotidianos que surgiam. Há que se considerar também a condição genética privilegiada que favoreceu a prática de inúmeras atividades esportivas, até sua identificação com uma delas, inicialmente o basquete.

Isso confirma a necessidade do desenvolvimento de atividades generalistas quando das fases iniciais de desenvolvimento humano. Ou seja, se a criança pode em sua infância ter a oportunidade de experimentar e vivenciar inúmeras atividades motoras, momento em que há uma infinidade de possibilidades a serem aprendidas, é esperado que na escolha definitiva da prática especializada ela tenha desenvolvido um amplo repertório motor.

Joaquim representa um exemplo importante dentro da discussão sobre talentos esportivos, entendido como um fenômeno multi determinado (Malina, 2003; Massa, 1999; Csikszentmihalyi, Rathunde e Whalen,1997; Régnier, Salmela & Russell, 1993).

Há também que se considerar outros fatores que contribuem para esse quadro, ou então bastaria um biotipo ideal e boas condições materiais para a formação de um campeão, contrariando vários exemplos olímpicos que temos a oportunidade de observar ao longo da história, entre eles o protagonista deste livro.

Esses fatores denominados de ordem emocional ou psicológica são de difícil mensuração objetiva, como outras variáveis do desempenho esportivo. Entretanto, autores na atualidade são unânimes e enfáticos ao afirmar ser essa a variável definitiva nos momentos de decisão (Markunas, 2005; Vieira & Vieira, 2001; Marques & Kuroda, 2000). O que estamos nomeando como emocional ou psicológico são características pessoais, entendidas por alguns autores como inatas, isto é, fazendo parte da vida do sujeito desde o nascimento, e para outros como aprendidas e desenvolvidas ao longo da história de vida do sujeito na interação com o seu grupo social e reforçadas ao longo de sua trajetória, em um processo dinâmico de transformação constante sujeito-meio social. Ao enfocar o período inicial de uma carreira a partir dessa perspectiva, desfocamos as realizações e as metas alcançadas do componente sorte. Partimos aqui do princípio de que os resultados alcançados no esporte são fruto de um trabalho árduo que demanda do praticante um repertório de características psicológicas acima da média. Persistência, coragem, determinação, superação (da dor, do medo, dos limites do rendimento, das dificuldades inerentes à carreira esportiva, do enfrentamento constante do desconhecido) são adjetivos imprescindíveis ao currículo de um atleta com desejo de trajetória internacional e de vitória olímpica.

Nesse sentido, Csikszentmihalyi, Rathunde e Whalen (1997) entendem que o talento deve ser compreendido a partir de uma perspectiva desenvolvimentista, uma vez que esse processo se inicia nos primeiros anos de vida da criança se desdobra ao longo de muitos anos. Por isso, não deve ser entendido como um traço identificável de forma isolada em determinado momento da história do indivíduo, permanecendo a partir de então inalterado pela vida afora. Isso significa dizer que na medida em que o jovem cresce e se desenvolve dentro de uma sociedade e cultura, com crenças e valores específicos, ele poderá explorar os limites de sua potencialidade, pois são as normas sociais e institucionais de onde essa pessoa vive que determinam os limites e a importância de um desempenho, considerando-o fora ou acima da média, ou seja, um talento.

Dentro dessa mesma perspectiva, Contreras, De La Torre e Velazquez (2001) afirmam que a iniciação esportiva é um processo de socialização dos indivíduos e possui implicitamente determinados valores, conhecimento, condutas, rituais e atitudes próprios do grupo social no âmbito em que se realiza a iniciação. Dessa forma, a iniciação não é apenas o momento de início da prática de um esporte, mas a totalidade de uma ação que envolve o processo e o produto.

Daí a necessidade de se considerar a presença do professor ou técnico que identifica, orienta e acompanha a criança ou o jovem iniciado na carreira esportiva, pois além da proximidade física e temporal que ele vive com a criança, ele desempenha um importante papel de projeção como figura de liderança e exemplo.

Nesse âmbito, a postura do professor ou técnico é de suma importância, uma vez que irá direcionar todo o processo de aprendizagem. Korsakas (2002) aponta para o fato de o esporte proporcionar um contexto de grande potencial educativo, podendo servir como um instrumento para o desenvolvimento de atitudes necessárias à vida social e individual da criança, como aprender a lidar com as experiências com confiança e auto-imagem, ou como um instrumento de alienação. Isso significa dizer que a prática esportiva permanece diretamente ligada à concepção que o adulto tem sobre a criança, sobre educação e sobre esporte. Se o adulto desempenha o papel de facilitador, mais do que respostas prontas à criança ele trabalha com perguntas e desafios, dando a ela possibilidade de pensar, de utilizar a criatividade, de desenvolver a capacidade de resolver problemas e dificuldades.

Ayats (1999) argumenta que cabe ao professor de educação física a função de otimizar as ações realizadas, fazendo uso de métodos e programas coerentes com o objetivo, para que dessa maneira o esporte possa se tornar um objeto e meio de educação. A intencionalidade pedagógica do educador é fundamental, pois caracteriza o processo educativo, junto com a estruturação dos conteúdos, a sistematização dos métodos didáticos, as atividades, as tarefas e a evolução do processo esperado. Os objetivos da atividade dentro dessa perspectiva serão então o desenvolvimento e a aquisição de habilidades motoras, além de desenvolver aspectos biológicos, psicológicos e sócio-afetivos do aluno.

Na voz de Joaquim Cruz
Todos os alunos tinham que fazer aula de Educação Física na escola do SESI e aos poucos a gente ia escolhendo o esporte de que mais gostava. Eu fui parar no basquete por causa de um amigo que foi escolhido para o time e me chamou. Pouco tempo depois, nosso professor de Educação Física, o Luis Alberto, começou a tentar me convencer a ir para o atletismo.

Há uma grande semelhança entre a carreira dos atletas contemporâneos com os heróis e, invariavelmente, seus professores, seus técnicos, em alguma medida assemelham-se aos mestres daqueles heróis.

O mito do herói é o mais comum e mais antigo do mundo. Ele tem um poder de sedução dramática flagrante e, apesar de menos aparente, uma importância psicológica profunda. Isso quer dizer que ele tem um significado psicológico tanto para o indivíduo – no seu esforço em encontrar e afirmar sua personalidade – como para a sociedade – na sua necessidade análoga de estabelecer uma identidade coletiva.

Na voz de Joaquim Cruz
Desde o inicio, o Luiz Alberto demonstrava um jeito diferente na forma com que ele me tratava. Ele me transmitia confiança quando me escalava para entrar jogando nas partidas, mesmo sabendo que eu ainda não tinha muita habilidade com a bola para fazer as cestas. Contava comigo para passar a bola corretamente e isso me fez sentir uma pessoa importante na equipe.

Daí entender a relação que hoje se faz entre o atleta e o herói, visto que o esporte tem se demonstrado pródigo em imortalizar seres humanos capazes de realizar feitos incomuns à média da população (Rubio, 2001).

Reconhecido como uma forma elementar de socialização até uma variedade profissional, o esporte compõe o imaginário social da sociedade contemporânea, sendo identificado por elementos como força, superação de limites, vitória e supremacia como valores absolutos.

Diferentemente do atleta da Antigüidade, que tinha sua preparação voltada para a educação e para a guerra, o atleta de alto rendimento contemporâneo ocupa um espaço mais próximo do espetáculo e do lazer. Suas apresentações são capazes mobilizar em momentos de espetáculo. Essas manifestações de massa expressam a representação que se tem do esporte e do esportista na atualidade, constelando conteúdos do imaginário social, transformando diferentes práticas sociais e criações culturais a ele relacionadas.

Mas, por mais espetaculares que sejam seus feitos, em algum momento, de alguma forma, o herói encontra-se com seu mestre para poder desenvolver suas habilidades.

Na voz de Joaquim Cruz
O Luis Alberto tentou de várias maneiras me levar para o atletismo, até que resolveu mudar de estratégia: ele começou a usar as outras pessoas para me convencer: minha família, meus amigos e outros professores. Ele mesmo não dizia nada. Ele sabia que se continuasse a tocar no assunto eu não iria gostar e talvez pudesse desaparecer da mira. Isso demonstra o respeito que ele tinha por mim e o quanto ele teve que alterar o jeito dele ser para poder trabalhar comigo.

Estava disparado o sinal para que o desejo original de Joaquim Cruz ser alguém se realizasse. Por meio do esporte, poderia construir uma vida melhor, conquistar seu espaço na sociedade, morar fora do Brasil e ser o melhor no que se dispunha a fazer: ser um atleta.

É impossível pensar em uma carreira esportiva sem metas.

O termo metas refere-se especificamente ao nível de proficiência dentro de um limite de tempo estimado (Locke, Shaw, Saari & Latham, 1981) ou ainda como um objetivo, um padrão, um alvo de alguma ação ou um nível de desempenho (Weinberg & Gould (2001).

Se por um lado as metas podem ser facilmente mensuráveis, como por exemplo, o índice de aproveitamento no lance livre, no basquetebol, ou a realização de um tiro de 800 metros em 1'45", o mesmo não se pode dizer quanto ao nível de satisfação com o treinamento e com a convivência com a equipe, situações também responsáveis para um bom nível de desempenho.

A importância de se estabelecer metas não vale apenas para atletas, mas para todo ser humano, em diferentes carreiras ou áreas de atuação. Locke e Latham (1990) afirmam que

as metas regulam a ação humana, promovendo um padrão interno que permite às pessoas comparar e acompanhar sua evolução em determinada atividade. As metas exercem uma grande influência sobre os comportamentos e podem ajudar a construir a referência e a avaliação sobre como o executante realizou a tarefa e se os resultados foram desejados.
Cashmore (2005) entende que um objetivo ou resultado que uma pessoa planeja para si é definido como meta. Esse conceito, entretanto, não pode ser confundido com sonho, fantasia, devaneio ou imagem mental, que satisfaz seu idealizador apenas com sua criação mental. Uma meta é externa ao sujeito, embora sua idealização não possa, na prática, existir sem um propósito interno.
Entende-se que para se efetivar uma meta é preciso dois elementos:
- Direção – que aponta onde se quer chegar
- Condições de realização – o mínimo de habilidade necessário para se chegar ao objetivo.

Em ambos os casos, parte-se do pressuposto de uma disposição interna do sujeito na realização da ação. Isso pode explicar porque mesmo diante das adversidades e da falta de condições materiais atletas apresentam-se para o mundo do esporte disputando as primeiras colocações em suas modalidades, desafiando os discursos mais conservadores sobre as condições ideais para a formação de um campeão.

Na voz de Joaquim Cruz

Quando nós chegamos em Eugene, estado de Oregon, conhecíamos poucos brasileiros. No começo, foi muito difícil. A família do Luis estava tendo muitas dificuldades para se adaptar à nova cultura e ao idioma. Ainda estava me recuperando da operação. Um dia, o Luis me fez uma visita e falou: "Juca, eu queria conversar com você! Estou tendo muitos problemas na escola. Em casa, as crianças não estão se adaptando muito bem, todo dia uma tem um problema diferente... estava pensando, de a gente retornar pro Brasil". Eu falei: "Luis, você retorna se você quiser, eu não! Pode esquecer, eu nem tive a chance de começar o que eu vim fazer aqui!". Foi a última vez que ele mencionou voltar pro Brasil, nunca mais ele tocou no assunto.

Autores (Weinberg, Harmison, Rosenkranz, Hookom, 2005) apontam que existem dois tipos de estratégias de foco que estruturam a carreira dos atletas, as chamadas metas de orientação e as metas de realização.

As metas de orientação são entendidas como uma tendência estável de se auto posicionar na direção de seu objetivo. É possível observar que essas metas de orientação confundem-se na história de vida do atleta com traços de motivação intrínseca. Há, porém duas formas dessas metas de orientação serem entendidas:

- Metas voltadas para a performance: os atletas dirigem seus esforços para o aprimoramento de suas habilidades. Nesse caso, a competição é colocada em segundo plano.
- Metas voltadas para o resultado: o foco de atenção do atleta está centrado na competição e na vitória.

Vale ressaltar que o atleta que desenvolve uma estratégia de organização e enfrentamento da carreira esportiva com base na segunda opção está muito mais suscetível à ansiedade e ao estresse do que aquele que tem sua estratégia estruturada na primeira opção. Isso porque a impossibilidade de realização do resultado proposto pode desencadear um processo de frustração que compromete os desenrolar dos próximos objetivos.

Já as metas de realização são o processo pelo qual são estabelecidas as metas de curto e longo prazos. Toda meta traz consigo a disposição da realização da mesma forma que essa disposição se desenrola como planejamento e estratégia de ação. É comum que um atleta estabeleça um plano de metas intuitivamente ao longo de sua carreira. Na medida em que essa carreira começa a se estruturar e ganha um caráter mais longevo e profissional, surge a necessidade de se estabelecerem metas factíveis e realizáveis dentro daquilo a que o atleta se dispõe. Daí a necessidade de se planificar as metas em curto, médio e longo prazos para que o treinamento e as realizações possam ser avaliados de forma realista, contribuindo assim para obtenção dos objetivos desejados.

Essa situação pode ser observada na carreira de Joaquim Cruz, quando, após muita insistência de seu professor, abandonou o basquetebol e passou a se dedicar ao atletismo. Isso porque, logo na primeira competição, ele ganhou três medalhas, quebrou o recorde brasileiro e conquistou a índice para sua primeira competição internacional. O sonho de se tornar atleta materializava-se em forma de resultados e deixava de ser apenas um desejo.

Na voz de Joaquim Cruz

Já havia abandonado o atletismo definitivamente e estava trabalhando de monitor de basquetebol com o Luis Alberto Um dia, muito tarde da noite, o Luis me deu carona até perto de casa. Parou o carro e me contou uma história que havia se passado com ele e alguns americanos no período que ele estava nos Estados Unidos. Ele disse para os seus amigos americanos que ele estava trabalhado com um atleta brasileiro muito bom e que um dia eles iam ouvir falar muito desse atleta. Daí ele disse: "Juca! Eu sei que você está querendo ir para os Estados Unidos. Sei que você quer seguir carreira no esporte, mas eu acho que no atletismo, você tem mais chances de conseguir realizar esses sonhos. No basquetebol, você pode até vir a jogar, ser um bom jogador, mas teria que se mudar para o Rio de Janeiro ou São Paulo. No atletismo, você pode ir longe. Você pode conseguir vestir as cores da Seleção Brasileira mais rápido. Você vai aparecer mais fácil, só vai depender de você e de quem estiver trabalhando com você. Eu gostaria que você tentasse pela ultima vez. Pela nossa amizade! Pelo menos, vai nesse Brasileiro de Menores. A gente tem algumas semanas pra trabalhar. Vai lá e vê o que acontece. Pense direitinho". No dia seguinte, já havia decidido... Trabalhei algumas semanas, fui no Brasileiro, em São Paulo. Nessa época, eu tinha 15 anos de idade. Corri os 800 metros em 1'53" pela manhã e os 400 metros em 48"7 à tarde. Bati dois recordes brasileiros num dia só e garanti a minha vaga na Seleção Brasileira para ir para o Sulamericano no Uruguai. No Uruguai, ganhei três medalhas de ouro e após receber as medalhes decidi nunca mais abandonar o atletismo.

A variação de objetivos que existe entre diferentes atletas relaciona-se diretamente com suas histórias de vida e com o meio no qual eles se desenvolveram. Isso significa que estabelecer padrões de metas sem considerar o contexto sociocultural em que o atleta se formou e vive no presente, por mais exitoso que tenha sido em outras situações, pode resultar em fracasso. Parece irreal, e não se aplica ao caso de Joaquim, mas há atletas que preferem o conforto de seu clube ao desafio e à visibilidade dada pelas competições internacionais, principalmente aquelas em que se usa a camisa da seleção nacional.

Marchant (2000) afirma que as metas de realização são importantes na vida de um atleta profissional, mas representam apenas uma pequena parte das preocupações desses sujeitos. Isso porque, segundo a autora, as metas de realização dependem de algumas limitações, como nível de habilidade pessoal, capacidade criativa e de superação, condições que variam muito de atleta para atleta.

Outros autores (Burton, 1989; Hardy, Jones, Gould, 1996; Martens, 1990, Weinberg & Gould, 2001) identificam as metas como sendo de ordem objetiva e subjetiva.

As de ordem subjetiva confundem-se com declarações de intenções e não podem ser auferidas objetivamente.

As metas de ordem objetiva concentram-se em um objetivo determinado, factível e realizável, que por essas características podem e devem ser cumpridos em um tempo determinado. Essa postulação leva a uma subdivisão das metas objetivas em metas de resultado, de desempenho e de processo.

- Metas de resultado: objetiva-se o produto final de uma competição. Vale ressaltar que nesse caso o resultado não depende apenas do desempenho do atleta que compete, mas de outros fatores intervenientes, como o desempenho do adversário e circunstâncias que fogem ao seu controle. É importante lembrar que a vitória, tanto quanto a derrota, faz parte da trajetória de todo atleta e considerar ambos os resultados pode contribuir positivamente para sua saúde mental, como da equipe técnica.
- Metas de desempenho: estão focadas em objetivos estabelecidos pelo atleta que tem a ele próprio como o referencial a superar. Esse processo, por ser auto-referenciado, envolve um grande esforço de auto-avaliação e autocrítica constante, que permite ao atleta não apenas rever suas propostas e ações, como também posicionar-se socialmente diante do desempenho dos outros e das possíveis necessidades de alteração dos planos estabelecidos

originalmente. Faz-se necessário, nessa circunstância, o desenvolvimento de um eficiente mecanismo de feedback entre o atleta e seu técnico.

- Metas de processo: dizem respeito aos esforços e às ações executadas pelo atleta ao longo da periodização estabelecida. Observar e registrar atentamente o desenrolar das ações e transformações que ocorrem no processo contribui para o cumprimento e avaliação das metas.

Joaquim Cruz relata que foi a partir de 1980, durante a preparação para os Jogos Panamericanos Juvenis, que ele começou a fazer uso de um diário onde relatava suas atividades cotidianas e analisava como haviam transcorrido os treinos. Foi após esse exercício sistemático que começou a perceber que ele era capaz de exercer, cada vez com mais competência, o controle de suas emoções. Passou a ficar atento às estratégias que havia utilizado em determinadas ocasiões e os efeitos que elas produziam em treinos e provas. Com isso, pôde aprimorar seu treinamento mental considerado fundamental em toda a sua carreira.

O uso de um diário é um recurso recomendado para a aprendizagem de observação de processo e avaliação da transformação ocorrida ao longo dele. Isso porque essa forma sistemática de trabalho proporciona ao atleta o desenvolvimento da auto-observação, da auto-análise e, conseqüentemente, senso de autonomia. Esse controle interno pode colaborar em muito com o trabalho da equipe técnica, que traz as observações do ponto de vista externo.

Na voz de Joaquim Cruz
Além de manter anotações sobre os treinamentos no diário, eu também fazia as minhas orações antes de ir dormir. Me lembro que pedia a Deus para me dar

saúde, força e coragem para encarar os meus desafios nos treinamentos. Todas as noites eu revisava o treinamento do dia seguinte e previa a forma de como iria executá-lo.

Figueiredo (2003) relata que no início do período de treinamento ela oferece um caderno a seus atletas e os instrui a traçar todos os dias suas metas, tanto para as situações de treino como para situações de competição. Além disso, os atletas são encorajados a avaliar seu progresso, isto é, verificar se as metas foram alcançadas e traçar novas metas. A comissão técnica participa ativamente desse trabalho, auxiliando cada atleta no cumprimento de suas metas individuais e avaliando onde residem as dificuldades em sua realização. Essa atividade é planejada para todo o período de treinamento e o "Caderno de Metas" é constantemente avaliado pela psicóloga, contando com a participação do técnico e de toda a comissão técnica, quando necessário.

Se estabelecer metas é uma condição imprescindível na vida do atleta, é também um grande desafio. Isso porque há uma longa distância entre o sonho de realização e a realidade. Daí a importância de um trabalho planejado, focado em objetivos factíveis e disciplina para sua realização.

Na voz de Joaquim Cruz

A vitória de um atleta que planeja nunca acontece por acaso ou pela primeira vez. O atleta atravessa a linha de chegada dez mil vezes antes de a corrida acontecer.

Durante os meus treinamentos de longa distância, a minha mente chegava a viajar no futuro. Imaginava a situação desejada durante a competição milhares de vezes para me familiarizar com o que eu queria que acontecesse.

No entender de Melhem & Silva (2007) o estabelecimento de metas juntamente com feedback mantêm a motivação do atleta, uma vez que suas ações são dirigidas ao cumprimento das metas estabelecidas, reforçando intrinsecamente o atleta que estará atendendo às suas necessidades de êxito. O planejamento de estratégias para incentivar o alcance das metas de curto e de longo prazo requer investigar com o atleta seus objetivos de longo prazo. No entender das autoras, as metas de longo prazo, geralmente incluem um espaço de tempo como uma temporada, que se subdividem em metas de curto prazo.

Não há conquista sem sonho, mas o sonho sem planejamento não é suficiente para se fazer um campeão.

Na voz de Joaquim Cruz
Eu não tinha dúvida sobre aonde eu desejava chegar. Eu queria ser alguém e o esporte me levaria a isso. Jogos Olímpicos ou recordes mundiais faziam parte desse plano, mas não eram meu objetivo final. Tanto que, mesmo tendo o índice para os Jogos de Moscou, eu não fui. As pessoas perguntavam por que eu não ia e a resposta era simples: eu ainda não estava preparado.

Que outro sentimento poderia explicar o desejo de realização de uma carreira esportiva, senão a paixão? Afinal, sobreviver a desafios cotidianos e à busca pela superação constante não é tarefa para todos.

Embora escassa há alguns anos, a literatura sobre paixão no esporte vem se multiplicando, ganhando a atenção de pesquisadores e psicólogos. Isso porque é inegável a manifestação dessa emoção essencialmente humana entre os envolvidos com a ação esportiva, seja na condição de protagonista ou na de espectador, na disputa de competições de nível internacional, ou em um ambiente de lazer.

Tomada como um sentimento de caráter reprovável na cultura ocidental, a paixão foi relacionada durante séculos com vários dos pecados capitais. Sendo assim, havia que ser reprimida e desencorajada. Com a ascensão do racionalismo e a afirmação da função do pensamento, agir com emoção e permitir a manifestação da paixão passaram a ser prerrogativa admitida àqueles cuja atividade relacionava-se basicamente com as artes, território de apaixonados.

Recentemente, esse tema passou a conquistar espaço no âmbito acadêmico, na psicologia e também no esporte. Vallerand, Blanchard, Mageau, Koestner, Ratelle, Léonard, Gagné & Morsalis (2003) identificam a paixão como uma poderosa inclinação para uma atividade de que a pessoa gosta, a que atribui significado e na qual investe tempo e energia.

Gostar e atribuir significado explicam não apenas a paixão, mas também toda a dedicação que alguém investe em uma atividade que mobiliza um nível investimento emocional fora da média, que no esporte pode ser também denominado motivação. Isso quer dizer que gostar de fazer algo, organizar a vida para tê-lo, mobilizar esforços para mantê-lo e tirar prazer dessa realização pode ser nomeado como uma atividade que mobiliza paixão e é identificada pelo protagonista como vital à sua existência.

Deci & Ryan (2000) afirmam que certas atividades são definidas pelo indivíduo como centrais à sua identidade e conquistam essa posição a partir de uma condição inata do ser humano de categorizar o organizar as prioridades em sua vida.

A impossibilidade de mensuração da paixão, emoção que subjaz à necessidade vital de realização, levou à sua negação com argumentos como sentimento fútil ou de menor importância para a existência. O esporte, de maneira geral, também pertenceu a essa lista até meados do século XX, isso porque era identificado como prática de tempo livre para pessoas abastadas, que não precisavam exercer atividade produtiva remunerada, ou então de vagabundos, que não gostavam de trabalhar.

Os que experimentaram a paixão pelo esporte e identificaram nele a razão de sua existência precisaram desenvolver um esforço duplicado, tanto no que se refere à dedicação a treinos e competições, como também na superação do preconceito, tanto do ponto de vista da família como da sociedade de forma geral, que identificavam naquela prática uma atividade para quem não deseja o empenho e o compromisso do mundo do trabalho.

Na voz de Joaquim Cruz

O treinador da Universidade George Washington foi a Brasília para dar uma clínica de basquetebol. Me convidou para ajudar na execução dos movimentos técnicos. Eu acho que o americano gostou do meu jeito, do meu basquete. Jogamos uma partida de 21. Perdi o jogo, mas ganhei o par de tênis dele. O que mais me marcou foi a promessa que ele fez junto com o par de tênis. Ele disse para o Luis Alberto que quando eu terminasse o segundo grau ele ia me dar uma bolsa de estudo para eu jogar na George Washington University. Uau!! Jogar basquete nos Estados Unidos era um sonho de qualquer jovem basqueteiro e estudar numa universidade americana era um sonho que eu ainda tinha que sonhar. Daí comecei a levar os estudos um pouquinho mais a sério!... Comecei a sonhar com a ida para os Estados Unidos!

Conforme Vallerand & Miquelon (2007), a paixão no esporte pode ser de duas ordens: a obsessiva e a harmoniosa.

A paixão obsessiva refere-se a uma força motivacional que atrai o indivíduo para a atividade. Entretanto, quando essa emoção esta relacionada com a prática esportiva, o que se observa é uma força interna incontrolável que impele o sujeito a realizá-la. É como se a paixão impulsionasse o sujeito, retirando dele o controle sobre sua realização. Pessoas com uma paixão obsessiva pelo esporte não são capazes de se verem realizando outra atividade que não essa, tornando-se altamente dependentes, do ponto de vista emocional, de sua prática. Isso porque o engajamento na atividade está fora do controle do sujeito, ganhando um espaço desproporcional em sua identidade, causando sério conflito entre a atividade esportiva em si e outros aspectos de sua vida.

Na voz de Joaquim Cruz
O período que eu mais gostava do atletismo era a fase de descanso. Durante os 45 cinco dias em que descansava do atletismo, jogava basquete, como se não existisse amanhã.

Por outro lado, a paixão harmoniosa refere-se a um estado motivacional que leva a pessoa a se engajar na atividade esportiva de forma responsável e efetiva, porém com fluidez e leveza. Isso porque ela escolheu fazer assim, ou seja, a atividade está sob seu controle. Atletas nessas condições relatam uma grande variedade de sensações vividas durante treinamentos e competições e em outras situações de sua vida cotidiana, mas não se anulam diante da importância do esporte em si. Os atletas que vivem esse tipo de paixão não têm sua identidade invadida pela prática do esporte e são capazes de realizar outros feitos, além dos esportivos.

Sendo o esporte uma atividade diretamente relacionada com a superação de limites, é possível entender a dimensão da paixão na realização das tarefas envolvidas com treinamentos e competições, considerando todo o esforço necessário para a realização de atividades incomuns à média da população.

Na voz de Joaquim Cruz
Os anos de 1983 e 1984 foram os melhores anos da minha vida. Tudo o que eu fazia estava cercado por um clima mágico, positivo. Eu vivia um estado de paixão: pelos treinos, pela universidade e finalmente pela Mary, que surgiu em minha vida em 1984.

Vallerand & Blanchard (2000) apontam que as emoções ocorrem influenciadas por diferentes fatores e desempenham um importante papel na superação de limites. Afirmam os autores que principalmente a paixão harmoniosa leva o executante a se envolver positivamente em uma ação. Isso porque a internalização autônoma de uma atividade prazerosa é facilmente aceitável pelo executante, muito mais do que uma tarefa obrigatória ditada por uma ordem externa.

Estudos realizados por Vallerand et al (2003) confirmam a hipótese de que a paixão harmoniosa foi positivamente relatada como foco da tarefa, sensação de flow (estado de bem-estar e fluidez total durante a realização da atividade [Csikszentmihalyi, 1985; Jackson & Csikszentmihalyi, 1999]), contribuindo para uma experiência de efeito positivo, minimizando a experiência e efeito negativo após a adesão às atividades. Isso porque na paixão harmoniosa as pessoas estão no controle da atividade e por isso aderem a atividades consideradas apropriadas para si o que repele uma experiência conflitiva.

Vallerand & Miquelon (2007) postulam que a paixão resulta de dois processos psicológicos básicos: a avaliação da atividade, que compreende o quanto é considerada fundamental e significativa para o executante, e a internalização da atividade à identidade de quem a executa. É nesse processo de avaliação que a paixão se desenvolverá como harmoniosa ou obsessiva, saudável ou danosa.

Outro importante dado relacionado com a paixão é a capacidade de persistir. Alguém apaixonado pelo que faz é capaz de sobreviver a inúmeras frustrações geradas por estados temporários de fracasso, como por exemplo a derrota em uma prova, a incapacidade de superar uma meta de resultado ou de desempenho ou ainda as inúmeras dificuldades em estágios iniciais de carreira, quando ainda não se dispõe das condições materiais necessárias para o pleno desenvolvimento de processos de treinamento.

Na voz de Joaquim Cruz
Nós estávamos em Provo e lá o inverno era muito frio. Certo dia, o Luis disse: "Juca, você não está conseguindo treinar e aqui vai ficar mais difícil ainda. O inverno não está nem na metade". Depois de refletir, concordei com ele e mudamos para Eugene, em Oregon, onde comecei a fazer um bom trabalho. Consegui me dedicar mais na escola. Eu tinha muita dificuldade com o inglês, eu não sabia as estruturas gramaticais. Eu tive muita dificuldade porque eu não sabia as estruturas gramaticais nem em português. Ou seja, eu estava aprendendo duas línguas ao mesmo tempo, o que foi positivo. Mas o fato de eu ser tímido me dificultava falar. Somado a isso vinha a pressão de passar nos testes pra entrar na Universidade e o tempo estava passando... Acredito que o atleta tem que crescer fora do seu campo de trabalho para continuar crescendo como um todo. A minha ida para os Estados Unidos e a universidade ajudaram na minha maturidade como atleta.

Diferentes estudos apontam que pessoas dedicadas a atividades de alto rendimento, inclusive atletas, empenham um tempo considerável de suas existências à prática da atividade na qual se especializaram (Ericsson & Charness, 1994; Starkes, Deakin, Allard, Hodges & Hayes, 1996). Não existe especialização nem excelência sem que muito tempo seja gasto na repetição sistemática de um gesto motor que leve à perfeita execução de um movimento.

A vivência desse estado emocional, desenvolvido de forma subjetiva a partir das diferentes experiências adquiridas ao longo da história de vida do sujeito, relaciona-se diretamente com um tema caro à Psicologia do Esporte, que é a motivação.

Dosil (2004) entende a motivação como o motor do esporte por estar relacionada com excitação, energia, intensidade e ativação. Afirma que a motivação é uma variável que move o indivíduo à realização, orientação, manutenção e/ou ao abandono das atividades físicas e esportivas.

Tida como condição básica para o desempenho da atividade esportiva competitiva, a motivação é constantemente avaliada como fundamental por atletas e seus técnicos para a manutenção de estados ótimos de ativação em treinos e competições.

Para Weinberg & Gould (2001), o termo motivação é usado de diferentes formas na vida cotidiana e também pelos profissionais que trabalham com o esporte.

Segundo os autores ela se define pela direção e a intensidade do esforço, entendendo por direção a capacidade que o indivíduo tem de ser atraído ou de se aproximar de certas situações, e a intensidade refere-se basicamente à mobilização afetiva que a pessoa executa para realizar uma atividade. Entendem os autores que a melhor maneira de se compreender motivação é considerar tanto a pessoa como a situação, e o modo como elas interagem. Diante disso, os autores sugerem um modelo interacional para compreender e desenvolver a motivação no esporte, por entenderem que tanto características próprias dos atletas como fatores relacionados ao meio ambiente interferem nos níveis de atividade. E diante da possibilidade de alteração da motivação ao longo de uma carreira esportiva, sugerem que se façam avaliações constantes para que esses estados sejam prontamente detectados e novas ações possam ser programadas diante das demandas que se apresentam.

A capacidade de avaliar uma situação e agir diante dela varia conforme cada pessoa. Estímulos que para alguns são altamente reforçadores podem parecer ilegítimos ou irreais para outros. Daí o caráter instável da motivação, visto que tanto fatores de ordem interna como do ambiente ou do grupo social podem atuar sobre a vontade e determinação do atleta quanto à execução da tarefa, mas não é a única variável a influenciar o comportamento. Outros fatores, como problemas físicos e médicos, questões de ordem social ou familiar, bem como técnico-táticas podem alterar o estado de humor do atleta, que a olhos pouco atentos podem ser interpretados como falta de motivação.

Dentro da perspectiva da análise do comportamento Martin (2001), destaca que a motivação deve ser definida como identificador para alguns padrões comportamentais e não como um substantivo que aponta para a causa de um comportamento. Nessa perspectiva, a motivação está no ambiente e não no indivíduo, sugerindo a importância de se estar atento ao ambiente para atuar sobre ele no sentido de torná-lo mais reforçador para o alcancd das metas desejadas.

Valdés (1998) postulou que a motivação pode ser tanto intrínseca como extrínseca.

Por motivação intrínseca, entende uma disposição interna do sujeito para realizar uma tarefa. Chamada de vontade, determinação ou desejo de realização, esse tipo de motivação sobrevive às condições mais adversas ao longo de uma carreira esportiva, como lesões, cortes, falta de patrocínio ou qualquer espécie de suporte. Sendo assim, treinar todos os dias, em mais de um período, é aceito como algo natural à vida de quem deseja ser um campeão olímpico. Pautada na auto-superação, a dinâmica da motivação interna está voltada para a superação dos limites individuais e à busca de resultados desejados, associado a uma intensa satisfação na realização dessas metas.

A motivação extrínseca, por sua vez, depende da ação reforçadora de estímulos externos, que podem ser tanto de caráter material como emocional. São reconhecidas como motivação externa as diferentes formas de patrocínio, contratos com clubes e empresas comerciais, sem pensarmos nas condições materiais. Além disso, há outras modalidades de motivação externa que se relacionam com prestígio e reconhecimento social, visibilidade nos meios de comunicação e assédio da torcida, que agem emocionalmente sobre o atleta e podem representar um apoio reforçador ou ainda uma fonte de constrangimento e desgosto. Daí a preocupação de técnicos e psicólogos em levar o atleta a desenvolver sua motivação independentemente desses últimos fatores.

Embora o atleta de alto rendimento tenha uma característica marcante de autodeterminação e autonomia, há também situações sociais que marcam a trajetória de uma carreira. Não o fato em si, mas o significado atribuído a ele é a essência da estratégia adotada pelo atleta para enfrentar a situação vivida no presente ou em futuro breve.

Na voz de Joaquim Cruz

Como eu te disse, os anos de 1983 e 1984 foram muito especiais. Aconteceram coisas que pareciam ser sinais. Já fazia um tempo que eu era patrocinado pela

Nike. Esse contato começou bem no início da minha carreira como adulto, quando eles me contataram e eu acreditei na proposta. Eles conseguiam fazer uma sapatilha que calçava muito bem em mim. Algumas semanas antes da Olimpíada, recebi uma remessa de material em casa, e, para minha surpresa, tinham feito uma série personalizada do meu calçado, com meu nome na parte traseira da sapatilha, com símbolo da Nike em dourado. Tomei aquilo como um sinal a mais do ouro que eu estava para conquistar.

Na época que isso ocorreu, Joaquim Cruz não tinha conhecimento do fato de que Nike, na mitologia grega, era uma deusa que personificava a vitória. Conta o mito que Nike era representada por uma mulher alada e se encontrava junto à mão direita de Atená, dando assim à deusa a certeza de vitória em todas as batalha travadas.

Independentemente do mito ou do tênis, o fato é que esse episódio foi interpretado pelo atleta como uma motivação a mais em um cenário que já se desenhava altamente positivo. Considerando que sua motivação intrínseca já estava reforçada, um agente externo, como o promovido pela empresa de material esportivo, ampliou o espectro dessa motivação, mesmo sendo de caráter extrínseco.

Duda (2001) entende que há duas formas de motivação: uma orientada para o ego e na qual se encontram os atletas que pautam sua performance tanto em rendimento como em resultado, comparando-se a outros atletas; a outra está voltada para a tarefa, e nesse caso rendimento e resultado são avaliados a partir da percepção que o próprio atleta tem de seu desempenho, observando e analisando seus resultados no continuum de sua vida, de seus treinamentos e competições, dentro da lógica de sua carreira.

O que de fato se observa na carreira de Joaquim Cruz é um misto de desejo, paixão, determinação, capacidade de superação, motivação. Se por um lado o tema motivação foi um dos mais estudados na Psicologia do Esporte em todos os tempos, a questão relacionada à paixão representa na atualidade uma das grandes novidades para a área. Não é de nos surpreender, portanto, que essas questões iluminem-se ao longo de uma trajetória coroada de grandes realizações.

Contendo a Ansiedade ou como Controlar os Dragões

O esporte chamado de alto rendimento é um tipo de prática que pode se relacionar ao esporte espetáculo, protagonizado pelo atleta profissional, ou ainda, a um tipo de atividade esportiva que não é necessariamente remunerada, mas exige do praticante dedicação e rendimento que superam uma atividade de tempo livre ou amadora.

Ao longo do século XX essa prática sofreu profundas mudanças. Durante a primeira metade do século, o esporte, principalmente o que envolvia os Jogos Olímpicos, era uma atividade para pessoas abastadas, que não precisavam trabalhar e podiam se dedicar exclusivamente à sua preparação. É fato que o perfil dos participantes moldava as características do esporte de competição de nível internacional. Após a II Grande Guerra, o esporte acompanhou as alterações que marcaram o mundo, dividido agora em dois grandes blocos (Rubio, 2006a).

Se até esse momento a ansiedade relacionada com a competição em si era um fato a ser enfrentado como uma conseqüência natural da competição, agora ela ganhava um novo contorno e colorido, uma vez que muitas outras questões estavam implicadas nesse contexto.

Se nos primórdios de sua organização, os valores máximos do esporte relacionavam-se com o competir honestamente, com o cumprimento das regras do jogo ou o respeito com o adversário, no esporte olímpico mais recente esses valores assumem os ideais ditados pela sociedade em sua macroextensão, confirmando as implicações estreitas desses com os outros.

É nesse contexto que a subjetividade do atleta também se modifica e se manifesta de forma inédita. Diante da transformação do esporte em espetáculo que atrai a atenção de milhões de pessoas em todo o mundo e que tem no atleta a expressão máxima do legado olímpico em uma sociedade globalizada, há que se observar as diferentes maneiras como se nomeiam, se lidam e se superam os obstáculos que surgem ao longo do protagonista da competição e do espetáculo esportivo.

Tomados como heróis pela população, ou seja, seres raros, fora da média, capazes de feitos impensáveis aos seres comuns, os atletas precisam desde muito cedo criar estratégias de enfrentamento dessas situações de limites que os fazem ser exceções. Seria uma imprudência, e também ignorância, dizer que eles não sentem medo, que são capazes de lidar com as situações de limite sem dificuldades e que isso não lhes custa esforço. Neste capítulo, será possível observar como Joaquim Cruz precocemente identificou algo que para muitos atletas é um fator imobilizante, aterrorizante e desmobilizador. Nomear o medo e dar forma a ele talvez tenha sido um dos grandes méritos do controle emocional desse campeão olímpico.

Diferentes autores demonstram que o medo é uma emoção considerada fundamental não apenas nos seres humanos, mas nos animais de uma forma geral, por estar associado à autoproteção e à reação vital de luta, fuga e esquiva. Dentre os seres humanos, tanto a significação do medo como as estratégias de enfrentamento utilizadas estarão diretamente relacionadas a fatores como cultura, momento histórico e grupo social ao qual o indivíduo pertence (Barlow, 2002; Lewis & Haviland Jones, 2000).

Uma das formas que o ser humano desenvolveu para enfrentar as diferentes demandas ao longo de sua existência foi apegar-se aos modelos de comportamento já convencionados por sua família ou grupo social. Essa referência anterior proporcionava a garantia de segurança e estabilidade que se deseja para uma existência tranqüila. Mudar significa ousar! Implica também lidar com o novo, com o desconhecido, que pode apresentar situações inusitadas para as quais podemos ter respostas satisfatórias ou não. Ou seja, o novo traz o risco e a necessidade de testarmos nossas capacidades! Não é difícil afirmar que nem todos desejam arriscar-se, porque o fracasso implica frustração, reconhecimento de limitações e necessidade de elaboração de novas estratégias de superação do impasse. Ou seja, se toda essa complexa trama não for significada como real e possível de ser superada, ela se transforma em um monstro que nos aterroriza e nos devora.

Considerado uma reação básica voltada para a preservação da espécie, e portanto vital, o medo tem relacionados a si outras emoções e estados emocionais capazes de levar à derrota um franco favorito à vitória, ou de causar vários prejuízos àquele incapaz de dominá-lo.

Joaquim relata como lidava com essas situações e as imagens que criava para lidar com elas. Que melhor imagem para representar esse impasse, que não um dragão?

Na voz de Joaquim Cruz

Um dia, quando cheguei na escola, o Carlos Wanderley (Wandeco) me disse que havia indicado o meu nome para o professor de atletismo me colocar na equipe de atletismo da escola (o Wandeco foi a pessoa que havia me envolvido no basquete sem a minha autorização. Ele sabia que eu não gostava do atletismo). Achei que aquilo fosse mais uma de suas brincadeiras e que não fosse dar em nada. Assim, não levei muito a sério. Passei a acreditar mais depois que ele deu a notícia para o professor Luis Alberto. Não só acreditei, mas senti na pele. Depois de uma sessão de condicionamento, o Luis me pediu para fazer um tiro de 1500 m na pista de brita do SESI, sozinho. Corri 4'47". Daí, o Luis disse que daquele dia em diante eu ia ter que fazer um treinamento de atletismo antes do basquete. Detestei cada minuto, mas não disse nada. Jamais ia enfrentar o professor e falar que eu não queria praticar o atletismo. A minha timidez era demasiada e o meu respeito por ele era maior ainda. Tomei uma decisão: desapareci do SESI por alguns dias, esperando que ele entendesse a minha ação e esquecesse de uma vez por todas aquela idéia. Após alguns dias desaparecido, entrei na biblioteca do SESI e adivinha com quem dei de cara? "Se você fosse meu filho, seu moleque, você entraria aqui apanhando", foi o que o Luis disse. Depois, ele me chamou do lado e falou: "Vai lá, e se não der nada, você fica no basquetebol! Mas pelo menos tente!"

Outras vezes, essa imagem e expressão irão aparecer na vida e na narração de Joaquim Cruz. O dragão em forma de medo, de desafio ou do desconhecido.

O dragão é um símbolo altamente complexo, que combina uma imagem de serpente e outra de pássaro, conforme Chevalier e Gheerbrant (1998). Juntas, elas formam um dos monstros mais poderosos desde a antiguidade. Em quase todas as tradições, ele é a própria incorporação do caos e da natureza indomada. Está associado com as profundezas desconhecidas dos mares, com o cume das montanhas e com as nuvens. É comum encontrar na mitologia heróis que lutam com os dragões para ganhar controle sobre um território. Dragões costumam ser os guardiões de tesouros, sejam eles materiais (ouro) ou simbólicos (conhecimento). Matar o dragão é o conflito entre a luz e escuridão, é exterminar as forças do mal. O simbolismo do dragão é bastante conhecido no que se refere às lendas populares, e, em geral, as crianças são mais propensas a sonhar com ele do que os adultos. Indica o enfrentamento de algo que não se compreende, por ultrapassar os limites da razão. Lutar contra um dragão indica vislumbrar uma situação de perigo.

Não é por acaso que se observa a expressão de um medo em um momento de tensão relacionado a esse personagem mítico.

De acordo com Roffé (2005, 2006), o medo é um sentimento que interfere no rendimento do atleta, pois sua superação varia conforme a capacidade de controle que o sujeito desenvolve. A vivência desse estado emocional se relaciona com o desempenho esportivo na medida em que outras habilidades emocionais necessárias para a realização da tarefa, seja o treinamento ou a competição, como a atenção dirigida ou o treinamento mental são passíveis de sucesso desde que o atleta tenha controle sobre a ação executada.

Na sociedade ocidental contemporânea, tanto o medo como a derrota devem ser evitados ou negados porque expõem a fragilidade do sujeito diante de uma situação em que se espera a demonstração de uma atitude heróica de enfrentamento e superação.

Lavoura & Machado (2008) apontam que o esporte pode representar um importante avanço para entendimento do medo, uma vez que essa emoção é parte integrante do contexto esportivo, recebendo diferentes representações e interpretações dos atores sociais. Além disso, observa-se uma grande diversidade e complexidade de estados emocionais na prática esportiva, e quanto maior sua exigência e o nível de desempenho exigido dos atletas, mais complexa são a dinâmica dos estados afetivos e a sua influência na performance dos atletas. Entendem os autores que o medo não é, necessariamente, uma emoção que revela as fraquezas humanas e indicam o seu reconhecimento como uma possibilidade de mudança nas atitudes e comportamentos de atletas. Destacam ainda que há que se considerar que, embora o medo seja freqüentemente considerado uma emoção experimentada exclusivamente pelos que se encontram em posições sociais desfavorecidas ou frágeis, os resultados de pesquisas dentro de modalidades de risco apontam que todos estão sujeitos a experimentá-lo, tendo em vista que até os melhores atletas o sentem.

Na voz de Joaquim Cruz
As competições de grande porte exigiam muita concentração e coragem, assim acho que antes das corridas o medo excessivo era necessário para testar meu controle emocional e promover minha coragem.

O esporte é pródigo em proporcionar ao atleta situações de perigo. Em algumas modalidades, que oferecem risco à vida do praticante, esse perigo é concreto. Em várias outras, essa manifestação é simbólica, o que não representa uma ameaça menor a quem vive esse perigo como próximo. Enfrentar um adversário, o público e, principalmente, a si mesmo pode parecer uma situação banal, mas é justamente o seu controle que irá diferenciar um atleta olímpico dos demais.

Na voz de Joaquim Cruz
Eu detestava o atletismo por causa da minha pressão interna. O que acontece hoje em dia é que a maioria dos atletas está treinada para correr e até vencer, mas as mentes deles ainda não. Eles não conseguem crescer nas competições. No meu caso, foi o contrário. Eu era

tímido, mas super competitivo, a ponto de sentir vergonha da derrota. Quando entrava na competição, corria para vencer, dar o meu show, aparecer e me expressar. Conseguia encontrar ou criar uma forma de realizar esse desejo. A minha mente estava preparada para isso, mas o meu corpo ainda estava descondicionado para as demandas da mente. Forçava o meu corpo além dos seus limites, causando uma dor insuportável. Doía muito. E já pensava: "nas próximas competições, vai doer novamente" e eu não queria entrar.

Mas, conforme evidencia Barbalet (1998), deve-se entender que o medo também pode levar o indivíduo a compreender onde residem seus maiores desejos, e apontar na direção do que pode ser feito para alcançá-los.

Essa compreensão no esporte é fundamental, visto que o desafio é a marca registrada da atividade esportiva e a busca incessante dos limites leva o atleta a viver constantemente no vazio do desconhecido, do inevitável, do temível, mas também do desejável. A sensação advinda desse estado é caracterizada como ansiedade, caracterizada por nervosismo, preocupação e apreensão, e está associada à ativação ou agitação do corpo.

Buckworth & Dishman (2002) entendem ansiedade como um estado de preocupação e apreensão ou tensão que ocorre diante de um perigo real ou imaginário.

É importante destacar nessa afirmação a condição real ou imaginária do perigo, ou seja, não é a situação em si que se afirma como perigosa, mas ela pode parecer ameaçadora ou superável diante da interpretação que se faz dela, levando então o sujeito a mobilizar sua atividade psíquica para solucioná-la e superá-la.

Nessa mesma direção, Dosil e Caracuel (2003) entendem a ansiedade como um conjunto de reações desencadeadas por estímulos que podem ocorrer diante de algo ameaçador, aversivo, nocivo, perigoso ou simplesmente não desejado.

É importante observar que a ansiedade e a ativação são fundamentais na prática esportiva, e muitas vezes elas se confundem, pois o limiar que separa ambas é tênue e depende do contexto em que se expressa e da história pregressa de quem as experimenta. Joaquim tem uma história de vida repleta de lembranças de seus enfrentamentos com as situações de tensão geradas pela ansiedade, principalmente em momentos que antecediam provas.

Na voz de Joaquim Cruz
À medida que os anos passaram o tempo da ansiedade vivida antes das provas foi diminuindo. Não que eu deixasse de sentir, mas foi ficando cada vez mais sob controle. Não era mais a ansiedade que me dominava, mas eu passei a controlar a ansiedade.

No entender de Moran (2004), para se compreender a ansiedade no ambiente do esporte competitivo é preciso explorar várias características psicológicas e distinguir elementos como medo e ativação, capazes de serem confundidos em situações que exigem um diagnóstico preciso para uma intervenção eficaz.

A ativação é um construto teórico caro à Psicologia do Esporte, por discutir o nível ideal de disposição do atleta para uma tarefa. Entretanto, como essa condição caracteriza-se como um estado subjetivo, são muitas as dificuldades para que atletas, técnicos ou psicólogos possam avaliá-la e nela intervir. O aumento ou a diminuição da excitação ou reatividade relacionam-se com o sistema nervoso central bem como ao sistema nervoso autônomo.

Pons & García-Merita (1994) assinalam que a ansiedade e a ativação estão intimamente ligadas e que a ansiedade no âmbito esportivo pode ser tomada como um impacto emocional da ativação, muito embora essas relações não estejam bem claras. Entende que o conceito de ansiedade é mais amplo que o de ativação, dado que esta última se manifesta na atividade puramente fisiológica e se refere apenas à dimensão de intensidade da conduta. Apesar dessas considerações, as autoras indicam que a ansiedade é um padrão de condutas complexo, com sentimentos de tensão acompanhados de atividade fisiológica e se referem tanto à intensidade como à direção dessa conduta: altos níveis de ansiedade são percebidos como negativos, no sentido de que causam desprazer a quem os vivencia. Indicam ainda as seguintes características de um estado de ativação: refere-se somente ao aspecto de intensidade da conduta; é um contínuo que vai desde os estados de alerta máximo até os estados de coma; é um produto da interação entre as condições ambientais (externas) e as condições internas do organismo; é tanto específica como inespecífica em função da variabilidade do ambiente e da situação a ser enfrentada; sua medida é possível por meio de respostas fisiológicas. Por fim, apontam que a incerteza, a novidade e o conflito são os maiores estimuladores da ativação.

Dentro das teorias clássicas dualistas sobre ativação, o que se observa é a tendência a se considerar a ansiedade um continuum da ativação. Isso porque nessa perspectiva a observação está fixada apenas no componente fisiológico (relacionado ao sistema nervoso autônomo) da ansiedade, sem se considerar o componente cognitivo, ou seja, a capacidade de significação do agente causador da ativação, relacionado diretamente ao sistema nervoso central.

Diante disso, autores como Gould, Greenleaf e Krane (2002) buscaram isolar os componentes da ansiedade para melhor entendê-los e manipulá-los. Para esses autores, a ansiedade é um construto multidimensional composto de três dimensões ou componentes: o componente mental ou cognitivo, o físico ou somático e o comportamental.

A ansiedade mental ou cognitiva refere-se às representações negativas construídas sobre uma determinada situação que impedem ou atrapalham o indivíduo de realizar a ação. São pensamentos criados referenciados em situações vividas, daí serem distintas para diferentes pessoas em contextos singulares. Muito embora sejam tomadas como irrelevantes, são tidas como potencialmente danosas para o sujeito da ação. Por isso a sensação de impotência e incapacidade de reação diante do estímulo que desencadeia a situação.

Na voz de Joaquim Cruz
Eu sofria muito com a ansiedade antes das provas. O que percebo hoje é que ao invés de eu descartar o problema, eu era engolido por ele. Por algumas horas, travava uma batalha entre o medo e a coragem dentro de mim. A ansiedade me controlava até o momento em que eu decidia pôr um fim naquilo. Era incrível. Demorou para eu perceber que o controle daquilo estava em minhas mãos e eu não precisava me maltratar com tantos pensamentos contrários.

A ansiedade física ou somática é passível de observação, uma vez que no corpo se manifestam as representações vividas mentalmente. Essas manifestações físicas podem ser observadas em momentos em que o nível de tensão diante de uma situação incontrolável aumenta, produzindo manifestações como taquicardia, sudorese, aumento da pressão arterial, sensação de falta de ar (sintomas relacionados com o sistema nervoso autônomo).

Na voz de Joaquim Cruz
Com 15 anos, desenvolvi uma úlcera nervosa... E tudo por causa da minha pressão interna! Eu tinha um problema que não era um problema, era uma expectativa natural. Aos poucos eu fui treinando, condicionando meu corpo. Com o tempo de treinamento o condicionamento começou a se nivelar com a expectativa e a dor começou a ser menor. Por isso eu detestava tanto o atletismo, porque acordava no meio da noite e pensava: "vou ter que competir, ai meu Deus". Aquela ansiedade gerava muita dor estômago e eu não tinha forças ainda, não tinha armas para combater os meus dragões internos.

Já ansiedade comportamental pode ser observada a partir de indicações oferecidas pelo sujeito que vive a situação ansiógena. São características desse quadro alterações nas expressões faciais, alterações de atitudes e agitação motora.

Na voz de Joaquim Cruz
Eu fiz uns dois ou três treinamentos e fui. Corri e ganhei minha competição. Levei o meu corpo ao limite, doeu, doeu muito! Achei que aquela ia ser a última vez. Ganhei a vaga para competir nos JEBs (Jogos Estudantis Brasileiros) com atletas de todo o Brasil. Eu tinha 14 anos e ia competir com atletas de 18. Toda a pressão era comigo e os meus dragões! Não tinha pressão de fora, porque eu sabia que não tinha tempo de atletismo e as pessoas não me conheciam. Mas não importava. O meu dragão era enorme!

Landers & Boutcher (1998) indicam que a ansiedade pode ser definida como uma reação emocional de desprazer que acompanha a ativação do sistema nervoso autônomo e pode ser tomada como ameaçadora por seu caráter desadaptativo. Esses autores apontam que a ansiedade pode ser tomada como uma forma de emoção que deve ser considerada em sua complexidade e avaliada distintamente da atividade fisiológica que a subjaz.

No caso exposto por Joaquim, embora as competições provocassem mal-estar físico por causa da exaustão, seu sofrimento decorria dos pensamentos relacionados a provas futuras, em uma antecipação de fatos ainda não ocorridos, e que poderiam não ocorrer. Considerando o ser humano uma unidade, dificilmente conseguiríamos isolar os componentes cognitivos dos somáticos.

Nas últimas décadas do século passado, várias teorias surgiram com o intuito de explicar a ansiedade no esporte e oferecer modelos de intervenção.

Alguns, como LeUnes & Nation (1996) e Martens, Vealey & Burton (1990), apontam que altos níveis de ansiedade durante a competição são prejudiciais à performance e podem levar o atleta a um estado de exaustão que o impediria de realizar outras atividades ou mesmo abandonar a prática esportiva.

Há quem trabalhe com a hipótese de que as emoções positivas são facilitadoras da atividade esportiva e, portanto, as intervenções psicológicas devem ser realizadas no sentido de controlar ou reduzir a ansiedade e proporcionar um estado de bem-estar e emoções positivas (Taylor, 1996).

Hanin (1978) desenvolveu o conceito de zona de ótima ativação para depois especificar em zona ótima de ativação individual (Raglin & Hanin, 1999), por considerar necessária a avaliação do atleta em um contexto individual. Segundo o autor, o atleta de alto rendimento possui uma zona ótima ou um limiar de ansiedade que é dirigido para o seu rendimento. Essa zona pode ser um ponto específico ou um *continuum* de ansiedade de um ponto baixo até elevado. Importante ressaltar que não é nem o tipo de evento, nem o nível de habilidade motora do atleta que o leva a bons resultados, mas a ansiedade sob controle que desencadeia o estado ótimo de ativação.

De acordo com Raglin & Hanin (1999), existem dois métodos para se estabelecerem as condições de ansiedade ideal no atleta. O primeiro é denominado método direto, no qual a ansiedade pré-competitiva é acessada até que o atleta tenha seu melhor desempenho. Os limites mínimo e máximo na zona ótima de ativação são estabelecidos a partir de uma escala de ansiedade desde o pior até o melhor desempenho. O inconveniente desse método é que ele se mostra invasivo em momentos imediatamente antes de competições, o que pode atrapalhar a concentração do atleta. O segundo método foi chamado de método indireto e está pautado na retrospecção reportada pelo atleta que é instruído a responder como ele percebia seus sentimentos antes de seus melhores desempenhos, ou de forma mais geral, quando seu desempenho foi ótimo ou próximo disso. Os autores apontam que esse método é vantajoso por considerar as diferenças individuais no estado de ansiedade ótima associado com seu melhor resultado, pois já se provou que os melhores desempenhos ocorrem quando a ansiedade se encontra elevada.

Na voz de Joaquim Cruz

Muitas vezes, a pista parecia estar em uma rampa ascendente. Isso fazia com que ela parecesse maior e a corrida ficava mais difícil. Eu sofria para realizar meu objetivo. Um dia, tentei fazer o contrário: tentei imaginá-la menor, e consegui algo mais. Eu fiquei maior do que a pista. Foi então que eu descobri que eu tinha o poder de fazer a pista aumentar e diminuir e isso tinha reflexo direto e imediato no meu desempenho e no controle da minha ansiedade.

Se por um lado um nível ótimo de ansiedade leva o atleta ao seu melhor desempenho, a falta de controle pode levar ao estresse, que em uma situação extrema desencadeia diferentes manifestações patológicas. O conceito de estresse vem da física, e significa a somatória de forças que agem contra a resistência, não importando quais. Mas é com o médico Hans Selye que ele será utilizado com um outro sentido, uma vez que ele buscava entender os mecanismos do adoecer e as reações do organismo chamadas de inespecíficas ou não-específicas, ou seja, a síndrome de se sentir doente. A essa postulação, denominou síndrome geral de adaptação. Selye iniciou sua formulação buscando provar a existência de um hormônio que desencadearia manifestações físicas dolorosas, porém difusas. Desistiu desse caminho depois de muitas pesquisas na área endocrinológica e voltou-se para a observação das reações singulares e inespecíficas do organismo, como resposta a danos sofridos. Entre os sintomas observados nessa síndrome, podiam ser numerados as dores articulares e musculares difusas, os distúrbios gastrointestinais, a perda do apetite. Diante dessas descobertas, observou que o organismo tem um sistema de reação não específico, geral, com o qual pode responder aos danos causados por imensa variedade de agentes patogênicos em potencial. Essas respostas de defesa facilitam uma análise objetiva e científica para elucidar o mecanismo de resposta pelo qual a natureza se defende contas os danos de diferentes tipos. (Arantes, 2002: 23).

Na voz de Joaquim Cruz

Quando corri a minha melhor marca nos 800 metros em 84, antes da prova me senti muito bem.

Durante todo o aquecimento me senti completamente despreocupado, como se estivesse aquecendo para um treino fácil.

O entendimento de Selye sobre a síndrome geral de adaptação se dá na perspectiva de que é geral por afetar grande parte do corpo, provocando uma manifestação de defesa generalizada, conforme Arantes (2002). Entende-se como de adaptação porque se mobiliza no sentido de buscar e manter a homeostase perdida pela ação de algum agente externo e por fim é uma síndrome porque se manifesta como um conjunto de sintomas expressos de forma coordenada e interdependente. A SGA é entendida em três fases:

- A Fase de Alarme – momento em que o corpo gera uma resposta de defesa inicial diante de um estímulo. É como se fosse uma convocação geral para a defesa do organismo contra os agentes nocivos (Arantes, 2002: 24). Essa fase pode desencadear uma reação de adaptação e de resistência, uma vez que nenhum organismo vivo pode permanecer indefinidamente submetido a um estado de alarme.
- Fase de Resistência – O organismo que sobreviveu à fase de alarme encontra-se agora diante de uma situação na qual ele leva ao limite as defesas mobilizadas na fase de alarme, sugerindo um estado de adoecimento. Esse estágio não permanece indefinidamente, desencadeando uma nova condição.
- Fase de Esgotamento – Estado similar à fase de alarme quando o organismo busca suas últimas reservas para se defender contra um agente nocivo.

Posteriormente, Selye (1952) buscou qualificar as modalidades de estresse, pois entendia ser essa uma forma de mobilizar os seres humanos à ação. Para tanto, distinguiu-o em duas categorias: o eustresse ou estresse positivo, que impele o ser humano a reagir diante de variados estímulos, estabilizando na fase de alarme. Já o distresse ou estresse negativo, seria aquele sobre o qual o indivíduo não encontra meios de superação e chega às outras fases como de resistência ou esgotamento.

Por sua vez, Spielberger (1978) afirma que o estresse é desencadeado diante de uma situação de ameaça ou perigo iminente, que irá gerar ansiedade. Portanto, propõe o autor que o conceito seja utilizado apenas para especificar as circunstâncias ambientais ou que coloquem em risco a pessoa que o percebe.

Diante de suas dimensões fisiológica e subjetiva, o estresse é hoje considerado uma manifestação patológica de ordem biopsicossocial.

Dessa forma, não há como desmembrar uma manifestação física de um contexto maior que envolve o desencadeador da reação (social), bem como o processo de significação próprio e subjetivo de quem vive a situação.

Na voz de Joaquim Cruz

Na semifinal, eu corri muito bem, ganhei a minha série e fui para final e fiquei em terceiro. O tempo todo, meu objetivo era chegar na frente, buscar aquele rapaz de São Paulo. Ele tinha 18 anos e correu 3'59". Eu tinha 14 anos. Eu saí atrás dele. O meu foco era ganhar e não me preocupar com a energia do meu corpo. Faltando uns 70 metros, foi como se eu tivesse sido desligado. Eu só consegui andar. Vi meu irmão encostado na grade e o que eu tinha no estômago chegou primeiro. Ele disse "Meu Deus! Nunca mais você vai fazer esse esporte!"

Dentro do contexto esportivo, o estresse é um reconhecido fator de desencadeamento de lesões e outras situações que afastam o atleta de treinamentos e competições. Isso porque o cotidiano de busca pelo limite e excelência gera um nível excessivo de ansiedade, afetando tanto os processos fisiológicos como emocionais e cognitivos, não apenas impedindo um nível ótimo de atuação, como também causando patologias (Buceta, 1996; Gil & González, 2001)

Martens (1977) utiliza o termo estresse para descrever o processo em que se relacionam a ocorrência de um estado de ansiedade e um estímulo ambiental que desencadeia uma percepção de risco.

Por sua vez, Martínez (1991) aponta que algumas situações no esporte são potencialmente desencadeadoras de estresse. Entre elas, cita as situações de incerteza, em que o atleta desconhece o que lhe acontecerá; de mudança, que obrigam o atleta a se adaptar a uma nova situação; a falta de informação sobre aspectos importantes relacionados com sua vida, como locais de competição ou mesmo contratos de trabalho e de patrocínio; sobrecarga de informações, tanto relacionadas com sua vida pessoal como profissional; falta de repertório para gerenciar todas as situações que se apresentam.

O controle do estresse deve ser relevante no contexto esportivo por um duplo motivo, no entender de Buceta (1996): tanto porque pode produzir efeitos prejudiciais que aumentam a vulnerabilidade às lesões (como, por exemplo, déficit de atenção, cansaço e esgotamento antecipados), como porque pode prejudicar o controle de variáveis de auto cuidado relacionadas com a prevenção, aumentando a vulnerabilidade dos atletas. Ou seja, a presença do estresse pode aumentar consideravelmente a probabilidade de ocorrência de lesões.

É sabido que o esporte é uma atividade de limite e os limiares físico e emocional variam de atleta para atleta conforme sua história e experiências vividas. Daí a superação ser um termo recorrente para identificar essa atividade, bem como para definir os objetivos alcançados em diferentes momentos de uma carreira.

A superação de marcas é um feito grandioso, merecedor de ampla divulgação em uma sociedade marcada pela dependência dos meios de comunicação de massa (Silva & Rubio, 2003). Muitos recordes que foram conquistados no início do século XX e considerados imbatíveis têm sido superados a cada nova prova. Essas marcas são quebradas quase todos os meses em alguma prova, e em qualquer modalidade esportiva.

Partícipe dessa empreitada, o treinamento exerce importante papel como meio para esse fim. A cada treino, metas são estabelecidas e, se no futuro próximo forem alcançadas, passado o amanhã, já estarão ultrapassadas. Assim, dia após dia, os atletas convivem e têm a possibilidade de descobrir um importante valor moral do esporte, ao qual Coubertin referiu-se: o espírito de superação.

Na voz de Joaquim Cruz

É importante dizer que um mesmo atleta é vários atletas em diferentes momentos da vida e da carreira. Ou seja, as técnicas que eu usava no princípio não funcionaram mais depois de maduro. É preciso ouvir o corpo e respeitar os momentos que ele vive. Isso nos leva a desenvolver outras estratégias com o passar do tempo.

A busca incessante pelo sucesso e pela superação dos recordes pressupõe, de maneira muito assertiva, evolução material da sociedade e física do atleta. Nos treinos diários, o atleta busca a perfeição técnica, tendo em seu auxílio os estudos científicos sobre o movimento humano; já os fabricantes de materiais e equipamentos esportivos cumprem seu papel, lançando no mercado produtos sempre mais inovadores a intervalos cada vez menores. O mesmo se pode dizer sobre a evolução nas técnicas de construção de instalações esportivas.

Para alguns atletas, independentemente das circunstâncias materiais ou sociais em que vivem, a busca pelo limite é a razão da própria existência. E a tarefa só estará completa se essa fronteira foi quebrada.

Se a busca do limite é uma constante na vida dos atletas que se destacam em nível internacional, as estratégias utilizadas são fundamentais para a sobrevivência nesse meio. Daí o reconhecimento da importância que o controle mental adquire para o enfrentamento dessas situações. Observa-se que uma prova começa antes mesmo de se calçar o tênis ou vestir o uniforme. Uma competição se inicia no momento em que o atleta busca as estratégias que adotará ao longo da prova e se prepara para enfrentá-la. O estado emocional criado para o enfrentamento da situação já dispara no conjunto fisio-psíquico do atleta.

As reações que o atleta apresenta diante dessas situações podem ser aprendidas e desenvolvidas ao longo de sua carreira mediante um processo de aprendizagem, como também podem fazer parte de seu repertório de vida, sendo transportadas e decodificadas para o ambiente esportivo.

Elas podem ainda se manifestar apenas nas situações desencadeantes da ansiedade ou se apresentar como uma característica do agente da ação. A esses tipos de ansiedade dá-se o nome de ansiedade-estado e ansiedade-traço (Spielberg, 1966; Martens, 1977). A ansiedade-estado é definida como um estado emocional caracterizado por sentimentos subjetivos de apreensão e tensão, conscientemente percebidos, acompanhados ou associados à ativação ou à estimulação do sistema nervoso autônomo e por um estado de humor variável. Ela é circunstancial e se apresenta em um momento específico com sintomas definidos como tensão, medo ou manifestações fisiológicas. Já a ansiedade-traço define-se como uma predisposição a perceber como ameaçadoras uma gama de circunstâncias que objetivamente não são realmente perigosas física ou psicologicamente. Essa tendência ou disposição comportamental influencia e altera o comportamento e se apresenta como uma resposta com reações ou níveis de estado de ansiedade desproporcionais em intensidade e magnitude ao perigo objetivo.

Na voz de Joaquim Cruz

Nos momentos que antecediam a competição não havia espaço para ninguém, a não ser para os pensamentos que eu tinha sobre a prova. No princípio, eu sofria muito com a angústia que aquilo me causava, mas aos poucos eu fui substituindo as imagens por flashes do que desejava na competição. Construí na mente tudo o que eu gostaria que acontecesse na competição, desde a parte de preparação mental, o momento em que eu cruzava a linha de chegada, até o dia seguinte, quando eu estava sentado no sofá lendo as notícias sobre a minha corrida no jornal. Quando me familiarizava com tudo isso, o meu sofrimento acabava.

Ampliando esse quadro, Burton (1989) observa a importância que fatores de ordem social e ambiental exercem sobre o desempenho esportivo no que se refere à ansiedade e destaca duas possibilidades distintas: o estado de ansiedade interpessoal – que diz respeito às reações emocionais produzidas na relação com uma pessoa em particular; e o estado de ansiedade intragrupal – que se refere às reações emocionais produzidas pelo membro de um grupo ou equipe.

Os atletas de alto rendimento se apresentam com uma preparação física distinta da média da população, e têm ainda, uma preparação mental igualmente excepcional. Para sagrarem-se campeões nas competições e vencerem também os obstáculos que surgem ao longo de sua jornada esportiva, alguns lançam mão de vários artifícios psicológicos. Assim, a motivação, o pensamento positivo e a autoconfiança se fazem constantes no desafio de superar. Dessa forma, o indivíduo pode possuir inúmeras competências que o habilitem à realização de tarefas, porém a motivação determinará o grau de envolvimento e, muitas vezes, a qualidade com que a tarefa será cumprida.

Na voz de Joaquim Cruz

Vencer é uma escolha que o atleta tem que fazer. Se isso não acontecer, a derrota será sempre uma opção da mente. Eu escolhi vencer porque tinha vergonha de perder. Um fato importante é que eu era super paciente, adorava treinar e sabia esperar por minha vez, pela vitória.

A autoconfiança em ganhar influencia favoravelmente o esforço realizado, e o contrário também é verdade, quando a pessoa mantém expectativas de perder. González (1997) e Chirivella (1999) acreditam que ganhar ou perder relacionam-se diretamente com a motivação, que se desenvolve em função da capacidade do atleta para gerar informação sobre a habilidade ou competência sobre si mesmo. O êxito aumenta a autoconfiança individual, que pode garantir a evolução social positiva e produzir um reconhecimento social favorável. Ao contrário, quando o indivíduo perde, seu fracasso indica que não é tão competente e não possui a capacidade requerida.

Para que a autoconfiança esteja presente no atleta, o conhecimento sobre si e seu meio ambiente é essencial para a orientação sobre suas possibilidades e os limites de uma ação adaptada à situação.

Weinberg & Gould (2001:310) descrevem a importância da autoconfiança na conquista da vitória e afirmam que os atletas confiantes acreditam em si mesmos. Mais importante, eles acreditam em suas capacidades de adquirir as habilidades e as competências necessárias, tanto psicológicas como mentais, para atingir seu potencial. A autoconfiança ideal significa estar tão convencido de poder alcançar suas metas que você lutará arduamente para atingi-las.

Muitos atletas de alto nível motivam-se em situações estressantes de competição, mentalizando suas capacidades positivas. Desenvolver um pensamento positivo é fundamental para a realização de uma tarefa com sucesso.

Todos esses recursos utilizados em uma preparação psicológica fazem diferença no momento da competição. Nem toda preparação física ou mental, a partir de treinamentos extenuantes, nem a utilização de conhecimentos científicos, nem de materiais feitos a partir de avançada tecnologia dão ao atleta a garantia da vitória.

Ganhar depois de estar abatido, crer na possibilidade da vitória novamente é decisivo para permanecer no esporte de alto rendimento. Assim, torna-se importante que os atletas de alto rendimento aprendam a não desistir imediatamente nem desanimar diante das dificuldades. Por isso, "saber perder" é uma das características que se atribui ao "estilo esportivo". Mais do que uma aceitação, acredita-se que esse comportamento deve ser incorporado pelos atletas que desejam ser denominados campeões, pois para atingir esse posto, deverão aprender a competir esportivamente, a assimilar as derrotas, superando-as ao longo da jornada.

Na voz de Joaquim Cruz

Me preparei para a Copa do Mundo (no ano de 1981), mas corri muito mal. Havia machucado o meu pé e fiquei sem treinar ou competir durante quase todo tempo que fiquei na Europa antes do evento. Antes da prova eu já estava vencido. Foi uma experiência horrível! Corri sem controle emocional nenhum. Quando eu me dei conta do que estava acontecendo a prova já estava acabando, isso foi nos últimos 200 metros. Consegui reagir um pouquinho e garantir o sexto lugar. Eu não conhecia aqueles sintomas ainda. Ficava nervoso, mas nunca tinha passado por essa experiência... A melhor forma de descrever o que se passou é "amarelar". Eu não gostei daquele sentimento, eu não gostei de entrar na prova e me sentir como se estivesse carregando um piano nas minhas costas. Decidi que aquilo nunca mais iria acontecer.

Aqueles que defendem os benefícios do esporte no desenvolvimento do caráter afirmam que os atletas aprendem a superar obstáculos, a cooperar com os companheiros, a desenvolver autocontrole e persistir diante de derrota (Proença & Constantino, 1988). A prática esportiva surge como um espírito de superação de limites e esse estímulo leva à busca constante de novas marcas por parte dos atletas, o que é considerado como um ideal positivo para a formação das pessoas; daí a importância do esporte como agente socializador.

Cagigal (1996: 843) nos faz refletir mais profundamente sobre essa questão, ao afirmar que "saber perder" e, como perspectiva educativa, "ensinar a saber perder" não significam necessariamente derrotismo nem fatalismo. Para o autor, os verdadeiros triunfadores na humanidade não são sempre vencedores, mas sim os que têm assumido plenamente sua condição humana.

Como discutido anteriormente (Rubio, 2006b), o esporte pode ser um produtor de auto-estima, embora isso somente ocorra se seus correspondentes se transformarem em objeto de mérito, ou seja, o orgulho das realizações esportivas não reside apenas na vitória, mas na percepção do atleta em se sentir entre os melhores. Diante do resultado obtido e comparando-o com o desejado, é aceitável o sentimento de frustração, raiva ou talvez decepção do atleta quando não consegue atingir seu objetivo. Mas, o que se espera deste mesmo indivíduo é que ele aja para a superação da situação vivida naquele momento. Agir significa, nesse contexto, analisar e solucionar problemas e conflitos sociais. Portanto, faz-se necessário aprender a receber derrotas e a preparar-se para outras que possivelmente ocorrerão.

Imaginação e Criação de Estados Mentais

Nenhuma outra função, senão a capacidade de imaginar, nos torna mais humanos do que qualquer outro animal. Analisar e avaliar o passado, planejar o futuro e atuar no presente a partir de experiências vividas é uma prerrogativa humana que permitiu à espécie chegar ao nível de desenvolvimento conhecido até o momento.

Tema que intrigou filósofos na Antiguidade e os mais destacados cientistas da Idade Média até nossos dias, os limites da mente permanecem ainda intangíveis às mais variadas especialidades das ciências. Porém, psicólogos, neurologistas, psiquiatras e uma infinidade de especialistas continuam determinados a entender alguns processos enigmáticos, inexplicáveis mesmo em um momento da história em que os horizontes do conhecimento se estreitam na busca da compreensão do ser humano.

Superada a cisão entre corpo e mente – chamada cartesiana – que perdurou até meados do século XX observa-se na atualidade uma busca incansável por explicações para as possíveis interferências dos estados mentais sobre determinadas reações corporais. Essa procura, porém, não é nova.

Para a fisiologia e a neurofisiologia do século XIX, que tinham nas grandes máquinas de então a analogia para compreensão do ser humano, os comportamentos, ações, sentimentos e pensamentos humanos eram originários e produtos do sistema nervoso central. Portanto, para que se pudesse compreender o psiquismo humano era preciso que fossem desvendados os mistérios da engrenagem cerebral. Grande parte desses estudos buscava determinantes de ações e comportamentos que pudessem ser generalizados na relação pensar e agir. Descobriu-se, por exemplo, que a atividade motora não estava relacionada, necessariamente, à consciência, e portanto ao sistema nervoso central, originando o chamado ato reflexo. E as pesquisas continuaram em busca de evidências que pudessem dar aos chamados fenômenos psíquicos o status de eventos científicos, ou seja, que fossem passíveis de mensuração.

Quem muito colaborou com esses estudos foi Sigmund Freud, que durante sua formação em medicina trabalhou por vários anos em laboratório de fisiologia, e depois de formado especializou-se em neurologia, justamente por estar disposto a compreender os mecanismos de funcionamento do cérebro e seus desdobramentos motores e comportamentais. Sua prática clínica, porém, levou-o a ter contato com pessoas acometidas de 'problemas nervosos', mais tarde denominados por ele de manifestações histéricas, cujos sintomas eram paralisias e anestesias de regiões específicas do corpo, que a neurologia não conseguia explicar. Diante do desconhecimento de uma lesão orgânica comprovada era negada a existência da doença, independentemente dos sintomas ou do sofrimento que apresentasse. E assim os estados emocionais foram alocados no território da patologia, distanciando-se de manifestações saudáveis, muitas vezes relacionadas com o sujeito romântico do século XIX.

Da cisão mente-corpo à busca da unidade psicofísica, as emoções voltaram a ocupar lugar de destaque no mundo cotidiano e na ciência, tanto a partir dos indícios dessa relação, conforme demonstrou a psicossomática (Groddeck, 1991) ou mais recentemente a teoria da complexidade (Morin, 2003). A criação mental na forma de antecipação de situações passíveis de acontecimento ou de simulação de fatos desejados, mais que uma criação ficcional, passou a ser analisada como uma manifestação humana que necessitava de metodologia inédita. para ser compreendida. Considerando a imaturidade científica da psicologia, não é de se estranhar como as abordagens sobre o tema sejam tão diversas. Os estudiosos de linha psicodinâmica como Freud, Jung e Winnicott entre outros tomaram os estados mentais no contexto que considera a existência do inconsciente e sua autonomia. Os psicólogos de orientação social que vão desde Vygotsky a Pichon-Rivière consideraram-nos um tipo de manifestação humana diretamente relacionada com a história de vida e o contexto cultural no qual o ser humano se desenvolve. Por sua vez behavioristas como Skinner e Selemann tomam os estados mentais e a imaginação como uma modalidade singular de comportamento a que denominaram comportamento encoberto e para o qual desenvolveram diferentes estratégias de acesso e investigação.

Foi sem dúvida com as pesquisas e os estudos voltados para a psicossomática que o enigma dos estados mentais começou a ser decifrado pelos estudiosos.

Como pode uma disposição criada de forma abstrata, no plano das idéias, ser tão efetiva do ponto de vista de comportamentos e atitudes?

Para os atletas que chegam a um nível de competição olímpico, esse pode ser o grande diferencial em momentos de decisão ou ao longo de sua preparação nos diferentes momentos da periodização do treinamento.

No esporte, a compreensão dos estados mentais e das emoções, bem como a possibilidade de intervenção sobre eles no sentido de seu controle tornou-se fundamental para a vida de atletas ou equipes esportivas, principalmente após descobrir-se e provar-se a relação entre estados mentais e rendimento esportivo (Martin, Moritz & Hall, 1999).

Para os atletas que chegam ao mais alto nível de competição, esse pode ser o grande diferencial que irá distinguir o primeiro do segundo colocado em momentos de decisão ou ao longo da preparação nas diferentes etapas da periodização do treinamento. Joaquim Cruz aprendeu precocemente em sua carreira a utilizar a imaginação e o treinamento mental para chegar ao limite de suas potencialidades tanto em treinos como em competições. Desenvolveu técnicas e estratégias de forma intuitiva por perceber que dessa forma conseguiria superar mais facilmente os desafios e as dificuldades que se colocavam diante de si, fosse na forma de impedimento declarado, como dor, ansiedade ou lesão, fosse de forma subiliminar travestidos como desânimo, temor ou falta de motivação. E prontamente pôde observar o efeito que essa preparação produzia em sua vida, diferenciando-o em muito, dos atletas de sua geração.

Na voz de Joaquim Cruz
O atleta está sempre sonhando e planejando. Utilizava os meus treinamentos de longa distância para poder treinar a minha mente com o que eu gostaria que acontecesse. Viajava no tempo. Visualizava o lugar, a situação desejada e as possíveis conseqüências dos resultados. Nos treinamentos, eu me colocava acima dos objetivos, vendo-os de frente para trás.

Atletas fazem uso de imagens mentais e da imaginação para diferentes finalidades. Desde a criação de um ambiente tranqüilo e relaxante ao final de extenuantes sessões de treinamento até a simulação, em seus detalhes mais espetaculares, de uma prova de nível olímpico e mundial, como a presença da torcida, a temperatura no dia da realização a prova, a superação de um adversário em um momento específico e as sensações corporais desde o momento do aquecimento até a comemoração da chegada. Ter controle sobre os pensamentos e as emoções é uma das características que marcam a história de atletas vencedores (Rubio, 2006).

De acordo com Gregg, Hall & Nederhof (2005) o uso extensivo de imagens pode representar sua efetividade em uma grande variedade de circunstâncias e o potencial que todos têm de aprender como usar a imaginação pode variar conforme a experiência de vida do atleta ou das estratégias adotadas para esse fim.

O termo imaginação é aqui utilizado como a capacidade de criação de imagens mentais relacionadas com a prática esportiva, tanto no que se refere a simulação mental de habilidades motoras como na criação de situações que o atleta pode experimentar em momentos de treinamento ou de competição.

O termo mentalização está associado à criação ou recriação mental de uma situação já vivida ou desejada para o futuro. Para Weinberg & Gould (2001), esse processo busca recriar fragmentos de informações já experienciadas retidas na memória.

É importante ressaltar que durante muito tempo a questão relacionada com o uso da mentalização estava coberta de preconceito, por ser confundida com situações místicas e esotéricas de uma forma geral. As religiões se apropriaram por séculos da capacidade de utilização do pensamento para a criação de estados de transcendência que objetivassem a busca de bem-estar fora de um plano material. Diante disso, é comum encontrarmos situações em que a mentalização é proposta com a finalidade de construir estados mentais que reproduzam situações que podem ser vividas, mas que diante do preconceito relacionado com essa atividade a proposta seja rechaçada como alternativa de trabalho.

Superado o preconceito na utilização das imagens, é necessário que sejam traçados alguns critérios para a sua elaboração e utilização.

É cada vez maior o número de atletas que fazem uso da mentalização de forma intuitiva ou sistemática. O que os diversos estudos apontam é sua e efetividade na preparação de diferentes atletas, de variadas culturas, ao redor do mundo.

Na voz de Joaquim Cruz
Eu descobri uma força nova, uma forma que estava dando resultado. Um caminho certo é super-importante para um atleta que está iniciando. Às vezes, o treinador tira muito o crédito do atleta, ele acha que o atleta é um robozinho que não pensa. O atleta que não pensa, não sonha e não planeja não vai atingir nível olímpico. Muitas pessoas contribuem nesse processo, mas é o atleta que tem que juntar as peças e acreditar que todo o trabalho faz sentido e vai dar resultado no final. Quando visualiza o futuro do jeito que ele deseja, ele está dando direção para a mente.

Conforme Weinberg & Gould (2001), as imagens de experiências vividas que registramos em nossa memória são experimentadas externamente pela recordação e reconstrução de eventos anteriores. Além disso, nossas mentes podem imaginar e criar situações que ainda não ocorreram.

Vale observar que a memória opera com grande liberdade escolhendo acontecimentos no espaço e no tempo, não arbitrariamente, mas porque se relacionam por meio de índices comuns. Toda memória pessoal é também social, familiar e grupal, e por isso ao recuperá-la é possível captar os modos de ser do indivíduo e da sua cultura.

Simons (2000) aponta que os atletas devem aprender sobre suas imagens e sobre como aplicá-las. Isso porque sendo produzidas de forma singular, e portanto variável de pessoa para pessoa, não há um modelo preestabelecido e pronto para ser aplicado em diferentes contextos.

Considerando que as imagens são concebidas e reproduzidas em um referencial ditado pela história de vida do atleta, quanto mais experiências exitosas forem experimentadas, maior o repertório referencial para a construção de imagens inéditas e superação de novas situações.

Isso justifica a afirmação de Joaquim sobre suas expectativas em relação à participação nos Jogos Olímpicos de 1984. Ele considera o ano de 1983 de suma importância nesse processo, pois foi ali que começou a se manifestar a sensação de êxito que culminaria na medalha de ouro olímpica do ano seguinte. Cada dia era vivido com a intensidade e a necessidade de se provar cada detalhe da vida e dos treinos: a busca do gesto motor perfeito, a procura dos espaços ideais de concentração (quase sempre obtidos no isolamento em lugares que lhe traziam paz, como parques, ruas tranqüilas ou uma sala de aula vazia) e o encontro seu grande amor, Mary.

Na voz de Joaquim Cruz

No início da temporada, eu sentia que algo de bom ia acontecer. Sentia necessidade de falar para alguém, mas eu não queria deixar aquilo escapar. Sei lá o que era, uma chama, uma força que eu queria manter dentro de mim.

Nos anos 1990, Hall, com diferentes colaboradores (Barr & Hall, 1992; Hall, Rodgers & Barr, 1990; Rodgers, Hall & Buckolz, 1991), investigou o use de imaginação em diferentes modalidades esportivas com a intenção de desenvolver intervenções mais efetivas com os atletas. Daí surgiu o modelo denominado W's: *where, what, when* e *why* e que pode ser traduzido para onde, o quê, quando e por que usar imaginação.

Em trabalho mais recente Munroe, Giacobbi Jr., Hall & Weinberg (2000) respondem à primeira questão: onde os atletas usam a imaginação? A resposta aparente é que eles a usam em treinos e competições. Mas, a partir de estudos realizados pela equipe, foi possível constatar que enquanto a maioria das pesquisas aponta que a imaginação está dirigida para situações práticas, os atletas relatam o uso de imaginação mais em competições do que em treinos, o que acarreta melhora na performance ou na execução de um movimento, mas não altera, necessariamente, a aprendizagem da habilidade motora. Além disso, os atletas relatam fazer uso da imaginação em diferentes ambientes, como em casa, na escola ou no trabalho, e momentos da vida.

No caso de Joaquim, esse treinamento era feito intensamente, objetivando os treinos e as competições. Relata o atleta que no dia anterior ele olhava a planilha de treinamento e já realizava mentalmente todas as atividades, visualizando inclusive os tempos que estabeleceria. A imaginação era utilizada, inclusive, para realizar o aquecimento, considerado fundamental para a realização das tarefas.

O quando usar a imaginação é outra questão a ser respondida. Como visto, a maioria dos atletas prefere utilizar imaginação no momento da competição. Além disso, optam por fazer uso da imaginação durante as competições, mais do que antes ou após. Fora das competições, relatam que fazem uso da imaginação em momentos do dia em que estão no intervalo de alguma atividade ou à noite, antes de dormir.

Joaquim entende que utilizar a imaginação era parte integrante do treinamento. Dessa forma, a execução do treino na pista não se configurava uma novidade, visto já ter sido realizada anteriormente. Isso ganhava reforço nas competições, quando a prova era realizada inúmeras vezes, do momento do aquecimento até o cruzamento da linha de chegada e a volta de desaquecimento, incorporada a seus repertório em Eugene, quando descobriu que a volta de agradecimento ao público representava também seu desaquecimento, um benefício a mais para seu corpo.

Por que usar imaginação? A utilização da imaginação é utilizada para diferentes fins. O importante, conforme os autores, é distinguir entre a função da imaginação (por que fazer uso dessa atividade) e seu conteúdo (o que é imaginado).

Joaquim percebeu cedo que realizar mentalmente seus treinos e competições era garantia de sucesso. Diante disso, já não era preciso mais responder por que usar imaginação. Responder a essa pergunta era quase como que ter que explicar por que fazer aquecimento antes do treino ou alongamento depois. Imaginar é preciso.

Pavio, apud Munroe, Giacobbi Jr., Hall & Weinberg (2000) propõe uma estrutura para entender como a imaginação influencia a ação motora humana. Ele sugere que o uso de imagens mentais serve a duas funções básicas e essas funções operam tanto em nível específico como e nível geral. A função cognitiva envolve a tentativa e a repetição da habilidade (imagem cognitiva específica) e estratégias de competição (imagem cognitiva geral). A função motivacional, no nível específico, envolve metas de imaginação e as atividades necessárias para alcançar essas metas (imagem motivacional específica). Em um nível geral (imagem motivacional geral) as imagens relatam o nível fisiológico de ativação e capacidade de realização.

No relato de Joaquim pode-se perceber quando e como fazer uso da imaginação.

Na voz de Joaquim Cruz

Eu tinha o hábito de pensar que eu não podia dormir antes das competições para não relaxar muito o meu corpo! Então, achava uma posição confortável.

Eu podia deitar no chão com as pernas estiradas, ouvindo música clássica e visualizar a competição. Ou então buscava uma posição confortável em um ambiente tranqüilo, sem ninguém por perto, para treinar minhas imagens. Toda vez que eu tinha um treinamento difícil, sentia a necessidade de fazer esse tipo de preparação psicológica.

O que se observa nesse relato é a relação entre diferentes estímulos sensoriais para a criação da cena desejada. A música, o ambiente físico, o isolamento e a busca das imagens que representam a situação a ser vivida são pontualmente escolhidos para se chegar ao clima ideal tanto em relação ao relaxamento necessário para suportar a pressão da competição, como a ativação obrigatória para o momento de enfrentamento dos adversários na pista.

Alguns estudos apontam o caráter multi sensorial da imaginação, ou seja, esse processo não se dá apenas por imagens, mas pode também ser desencadeado pela ativação da audição, do olfato, do tato ou do paladar. O número de modalidades sensoriais utilizadas para criar representações mentais de informações ausentes é o resultado de outras experiências mentais. Richardson (1995) afirma que as imagens diferem umas das outras não apenas em sua capacidade de parecerem reais, mas principalmente na possibilidade de serem controladas.

Isso representa dizer que o treinamento mental é um processo que se aprende, e como tal requer adaptação, estabilização e transformação para ser incorporado ao repertório de quem o pratica. Sendo assim, as estratégias de ensino e aprendizagem irão variar conforme o repertório do atleta e a complexidade do gesto ou situação criada. Não se deve esperar que ele se dê de forma espontânea ou natural.

No entender de Weinberg & Gould (2001), a mentalização pode e deve desenvolver o máximo possível de sentidos. O uso de todos eles é fundamental para a criação mais real possível da situação que se pretende criar. E afirmam os autores que o sentido cinestésico é particularmente importante para o atleta por envolver a sensação do gesto motor que surge da estimulação nervosa, ditada pelo sistema nervoso central, nas articulações e nos tendões.

O sentido cinestésico é a sensação que envolve o corpo humano que se move e que se completa com a simbolização e atribuição de significados ao movimento. Não é apenas o gesto mecânico, mas toda a produção mental sobre a realização desse movimento. Daí a função da memória, uma vez que a lembrança armazenada de diferentes situações vividas relaciona-se com o grau de afetividade depositada na situação relembrada. Por isso nos lembramos de detalhes ínfimos de nossa existência e deixamos de registrar coisas que aos olhos da sociedade são fundamentais para a história. Shilder denomina esse estado de apercepção. Ela difere da percepção por agregar a esta toda a emoção vivida no momento em que foi gerada. Essa emoção, registrada na memória, desencadeia sensações e imagens sempre que for ativada a lembrança do momento em que ocorreu.

Embora vários autores apontem que é cada vez mais raro que estratégias mentais sejam elaboradas de forma intuitiva, visto ser muito tênue o limiar que separa um atleta primeiro colocado do segundo (Buceta, 1998; Dosil, 2004; Moran, 2004; Weinberg & Gould, 2001) o que se observa no caso de Joaquim Cruz é um nível de sensibilidade fora da média para criar suas próprias estratégias. A preparação psicológica ao longo de sua carreira foi realizada de forma intuitiva por vários anos e aperfeiçoada com a maturidade atlética. Como e quando aplicar essas estratégias, de que maneira suportar as demandas dos diferentes ambientes competitivos, como manter o foco no objetivo e superar as inúmeras adversidades são o grande mérito, que não por acaso, o fizeram um campeão olímpico.

Na voz de Joaquim Cruz
Na universidade, comecei a ter algumas aulas de psicologia e lendo um material da disciplina percebi que os livros citavam dicas que eu já fazia! De onde vieram essas informações?

O Treinamento de Habilidades Psicológicas – THP é considerado uma das habilidades essenciais para todos os atletas em diferentes níveis de preparação (Weinberg & Gould, 2001), o pilar central da psicologia do esporte aplicada (Holmes & Collins, 2002), uma ferramenta cognitiva que auxilia o atleta a se tornar um campeão (Moran, 2004) ou ainda uma estratégia psicológica para que o atleta tenha o poder de enfrentar treinamentos e competições da melhor forma, aumentando seu rendimento e seu bem-estar (Dosil, 2004).

Por se tratar de um treinamento, pressupõe planejamento, estratégia, aplicação e avaliação em um processo que demanda tempo para sua aprendizagem e realização.

Simons (2000) considera uma habilidade básica por formar a base dos conhecimentos em psicologia que o atleta contemporâneo pode pôr em uso para buscar a excelência. A imaginação ativa, com outras habilidades mentais, como o estabelecimento de metas, a visualização de situações de competição ou de estágios de preparação que se deseja atingir, a concentração em estímulos específicos, bem como o controle da ansiedade ou do estado ótimo de ativação formam a base da preparação psicológica do atleta.

Vale ressaltar a importância de se distinguir entre habilidades psicológicas e estratégias psicológicas. Cox (2002) aponta que métodos, estratégias ou técnicas psicológicas referem-se à prática que possibilita a aquisição de determinada habilidade psicológica, que incluem desde a visualização de uma atividade ao estado hipnótico ou o relaxamento até o estabelecimento de metas e a autofala. Por outro lado, as habilidades psicológicas são as características próprias do atleta que o levam ao êxito em sua atividade esportiva, como autocontrole e autoconfiança, que se confundem com a motivação intrínseca.

Não há dúvidas entre atletas, técnicos e preparadores físicos sobre a importância do treino das habilidades físicas para se alcançar os resultados desejados. Somente por meio de sessões intensivas de treinamentos e inúmeras repetições do gesto motor é possível alcançar as melhores marcas. Não há sorte no esporte de alto rendimento! Todo resultado é fruto de muito trabalho e uma enorme dose de esforço. Do mesmo modo se dá o desenvolvimento das habilidades psicológicas. Não se pode dizer que a concentração, o relaxamento, a regulação da ativação, a autoconfiança ou mesmo a motivação sejam processos naturais no ser humano, principalmente em atletas. Todas essas características fundamentais no alto rendimento são desenvolvidas de forma sistemática seja em um processo individual, desencadeado pela necessidade do atleta de alcançar níveis superiores de preparação, ou acompanhado de um profissional que colabore nesse processo oferecendo diferentes modalidades de treinamento mental.

Na voz de Joaquim Cruz

Eu aprendi a criar um devaneio, uma imagem que me fizesse dormir. Se acordasse no meio da noite, tentava não me mexer muito para não ativar outros pensamentos que me tirassem daquele estado de repouso. Então eu voltava ao pensamento que tinha me feito dormir. E assim a insônia não me incomodava na véspera de eventos importantes.

Weinberg & Gould (2001: 250) afirmam que o treinamento de habilidades psicológicas é freqüentemente negligenciado devido à falta de conhecimento, à percepção da falta de tempo ou à crença de que habilidades psicológicas são inatas e não podem ser ensinadas,

É possível observar na fala de Joaquim a necessidade de desenvolver estratégias mentais para suportar a ansiedade dos momentos que provocam maiores níveis de ansiedade, como é o caso de uma competição internacional. Por parecer algo natural, que não exige aprendizagem, a concentração é muitas vezes exigida dos atletas para o uso imediato em treinos e competições. Diante da incapacidade de responder à demanda que se apresenta, o técnico sobrecarrega o atleta exigindo um esforço incapaz de ser realizado, e o atleta se frustra por não poder (e não saber) responder àquela exigência.

Na voz de Joaquim Cruz

No dia da final, eu fui para o meu cantinho e consegui controlar minha emoção, meu corpo. Quando comecei a aquecer, aquela sensação gostosa de estar ali, novamente, voltou. Daí a minha mente conseguiu parar. Eu pude transformar aquela ansiedade, aquele nervosismo numa energia positiva.

Exigir que nos momentos da competição o atleta se concentre ou relaxe é o mesmo que desejar que um corredor faça 100 metros em 9 segundos apenas por uma solicitação do técnico.

Se afirmamos que as habilidades psicológicas são desenvolvidas tanto quanto as atividades físicas, é preciso um processo de reconhecimento e treinamento dessas habilidades.

Gould, Medbery, Damarjian e Lauer (apud Weinberg & Gould, 2001) realizaram um estudo em que demonstram como atletas, mesmo diante da ausência de um psicólogo, desenvolvem habilidades mentais para enfrentar as solicitações da modalidade praticada. Isso porque seus técnicos se apegavam a experiências reais a partir da focalização no desenvolvimento de exercícios concretos, na busca de outros recursos de treinamento de habilidades mentais, fazendo uso inclusive de multimídia e no envolvimento direto dos técnicos no treinamento real das habilidades mentais.

A efetividade de um programa de treinamento de habilidades psicológicas depende de vários fatores, como observação e controle de situações de treinamento e competições e não se realiza sem a firme participação do atleta e do técnico em seu desenvolvimento.

Para Buceta (1998), o treinamento de habilidades psicológicas pode começar com um programa formativo básico e continuar com um trabalho mais especializado em função das necessidades dos atletas. E assim que essas técnicas vão sendo dominadas devem ser incorporadas aos treinamentos, segundo os objetivos a serem alcançados, como a aquisição ou desenvolvimento de um gesto técnico ou habilidade específica.

Se comparado com o treinamento físico, o treinamento mental segue os mesmos padrões, em termos de periodização. Isso quer dizer planejar e executar um macrociclo e os microciclos, de acordo com os objetivos que se pretendem alcançar.

No entender de Weinberg & Gould (2001), um programa de treinamento de habilidades psicológicas desenvolve-se em três momentos. O primeiro é chamado de fase de educação, uma vez que muitos atletas não conhecem o modo como as habilidades mentais podem melhorara sua performance. Nesse momento, são explicadas as vantagens e a importância de um trabalho voltado para o desenvolvimento das habilidades mentais, suas vantagens e aplicações. O segundo refere-se à fase de aquisição, momento em que são focalizadas as estratégias e técnicas para a aprendizagem das diferentes habilidades psicológicas, que podem se dar em ambientes formais ou informais. E por fim a fase de prática, quando o atleta experimentará os conteúdos aprendidos em situações reais e tem por objetivo automatizar as habilidades aprendidas, ensinar a integração sistemática de habilidades psicológicas em situações de desempenho e simular as habilidades aprendidas em situação de competição.

A mentalização é uma das técnicas mais utilizadas por atletas para buscar uma boa preparação psicológica como o estado ótimo de ativação ou relaxamento necessário em momentos de maior tensão.

Simons (2000) aponta que os atletas devem aprender sobre suas imagens e sobre como aplicá-las. Isso porque sendo produzidas de forma singular, e portanto variável de pessoa para pessoa, não há um modelo preestabelecido e pronto para ser aplicado em diferentes contextos.

Na voz de Joaquim Cruz

(Sobre os Jogos de Los Angeles) *No início da temporada, eu sentia que algo bom ia acontecer, eu sentia necessidade de falar para alguém, mas eu não queria deixar aquilo escapar. Sei lá o que era, talvez uma chama ou uma força. Eu queria manter dentro de mim.*

O estado de concentração que o atleta alcança tanto em situação de competição como de treinamentos extremos não é comum à população. Esse estado é buscado em função da necessidade de superação da dor, do medo, do insucesso e da frustração diante de objetivos não realizados. A criação de estados mentais no esporte, diferentemente de outras situações, é não apenas estimulada como também desejada em atletas de alto nível de rendimento esportivo. A abstração conseguida por meio desse artifício pode levar o atleta a auxiliá-lo na construção de uma atitude vitoriosa, na antecipação de situações de prova e na superação de dificuldades inerentes à prática competitiva. Realizada de forma intuitiva ou sistemática a mentalização pode ser realizada tanto a partir de imagens já registradas a partir de experiências vividas em forma de recordação, como podem ser criadas a partir do desejo de realização de uma situação real.

Na voz de Joaquim Cruz

(1984 antes dos Jogos Olímpicos). *No dia da final, antes de me isolar, saí com o Luis Alberto. Eu me senti uma pessoa normal num momento super estressante! Eu nunca havia me sentido tão vulnerável. Se alguém me tocasse, eu cairia! Eu me sentia completamente sem controle do meu corpo, dos meus sentimentos. Parece que eu estava com medo e sem energia o tempo todo. Após o passeio, fui para o meu cantinho e consegui controlar minha emoção, meu corpo. Quando comecei a aquecer, aquela sensação gostosa, de estar ali, voltou. Novamente minha mente conseguiu parar. Sei lá! Quando vi os outros atletas, consegui resgatar a energia de que precisava e pude transformar aquela ansiedade, aquele nervosismo numa energia positiva. Então entrei na pista. Eu não conseguia ouvir nada. O povo parecia que estava derramado naquele estádio.*

Ouvia só um barulho, como se fosse abelha no meu ouvido. Eu me sentia enorme ali dentro.

Alguns estudos apontam o caráter multi sensorial da imaginação, ou seja, esse processo não se dá apenas por imagens, mas pode também ser desencadeado pela ativação da audição, do olfato, do tato ou do paladar. O número de modalidades sensórias utilizadas para criar representações mentais de informações ausentes é o resultado de outras experiências mentais. Richardson (1995) afirma que as imagens diferem umas das outras não apenas em sua capacidade de parecer real, mas principalmente na possibilidade de ser controlada.

Na voz de Joaquim Cruz

Aquele dia foi tão longo, eu estava super sereno na parte da manhã. Eu estava tranqüilo, descansado e em paz comigo mesmo. Minha mente parou por algumas horas. Antes da competição, eu sentei na arquibancada e comecei a me envolver na competição. Quando entrei na pista para competir, estava tão envolvido emocionalmente que havia perdido o controle sobre o meu corpo. Me sentia super sedado. Eu não sei como que eu corri os últimos 100 metros, mas falaram que eu corri muito, muito, muito os últimos 200 metros.

A história tem demonstrado, principalmente no esporte brasileiro, que o atleta campeão olímpico é uma mescla de determinação e esforço, individual e social, e que longe de usufruir das melhores condições de treinamento desenvolve uma imensa capacidade de criar diante das dificuldades e de superar as muitas adversidades. A essa disposição para o trabalho, mesmo com tantas dificuldades, costuma-se nomear de motivação intrínseca, ou a ausência de estímulos externos para a realização de tarefas, condição fundamental para um atleta de alto rendimento.

Um dos estados especiais de motivação intrínseca foi denominado por Csikszentmihalyi (1990) de fluidez (*flow feeling*), onde o atleta participa da atividade de forma natural, com o controle de sua ansiedade, permitindo que sua ação transcorra de maneira plena e sem esforço. Para o autor esse estado é alcançado quando o atleta percebe suas habilidades no mesmo nível de seus desafios e que a motivação intrínseca está em um estágio mais elevado do que o desafio a superar.

Conforme Jackson (1999) a fluidez é um estado psicológico ótimo onde o atleta está plenamente absorvido pela tarefa que o leva a um grande número de experiências positivas. É um constructo que se define a partir de experiências positivas ou ótimas no esporte. Enquanto um estado psicológico ótimo a fluência é um precursor da alegria e está associada a outras experiências como a felicidade e a satisfação.

Esse estado de bem-estar muitas vezes confunde-se com a felicidade e a euforia. Entretanto, a euforia, principalmente, é vista como preocupante ao atleta por retirá-lo do estado de concentração na tarefa e colocá-lo em uma situação de irrealidade que interfere em sua avaliação das ocorrências do presente.

No entender de Csikszentmihalyi (1997) é a fluidez e não a felicidade a condição básica de uma vida plena. Afirma o autor que quando se está em um estado de fluidez não se está necessariamente feliz, isso porque a experiência da felicidade nos leva a focar em nossos estados internos. Apenas ao final da tarefa é que se experimenta o prazer do ocorrido e então se sente a fluidez com a gratificação da experiência de excelência, e com isso a felicidade.

Na voz de Joaquim Cruz

Aquela foi a corrida mais fluída que eu fiz. Eu não tive que gastar muita energia durante o percurso. Eu passei o tempo todo olhando e vigiando o meu principal adversário. Na verdade, eu me sentia como se estivesse correndo com um monte de crianças e estivesse sob controle delas. Quando eu passei os 700 metros, antes do finalzinho da curva, parece que a pista se abriu e eu me senti enorme. Foi uma sensação esquisita, porque era naquele local que os atletas sentiam o pior cansaço. Eu senti como se eu estivesse voando! Voei durante 11 segundos, 12 segundos e aí cruzei a linha de chegada.

O estado de fluidez no esporte é visto como de fundamental importância, principalmente nos momentos de grandes decisões. Isso porque nas finais das grandes competições não espaço para empate. As decisões pressupõem um vencedor, mesmo que para isso se faça uso de instrumentos de mensuração, cada vez mais precisos, para que se ateste quem de fato foi capaz de realizar a máxima: citius, altius, fortiu.

A fluidez pode ser entendida e interpretada como uma forma de estado ótimo de ativação porque, durante sua experimentação tudo parece perfeito. Conforme aponta Jackson (1999) há uma total integração entre mente e corpo, o que impede que pensamentos negativos ou dúvidas a respeito de si interfiram em uma boa execução da atividade. A obtenção desse estado não é tarefa fácil, nem natural e afirma a autora que aqueles atletas que conseguem chegar a esse estado têm a clareza de sua singularidade e relacionam-na com suas melhores performances. Daí a busca desse estado e das estratégias para desenvolvê-lo.

O que se pode observar entre aqueles atletas que já usufruíram desse estado de fluidez é que há uma alteração no conjunto das percepções, ou seja, há o rebaixamento de algumas e a exacerbação de outras. Podem-se elencar entre as exacerbadas a atenção seletiva de estímulos específicos, tanto visuais como sonoros, o que os leva a referir sobre a indiferença para com o público ou adversário em específico. É sabida a presença do público, entretanto, sua manifestação não gera qualquer mudança de comportamento. Isso nos leva a pensar sobre o nível de concentração entre os atletas que buscam o apoio da torcida durante a execução de sua atividade.

Csikszentmihalyi (1996) aponta nove dimensões para o estado de fluidez experimentado nos picos de rendimento: o equilíbrio entre o nível de habilidade e o desafio a ser superado; a clareza dos objetivos estabelecidos; concentração absoluta na tarefa; senso de absoluto controle sobre a ação; perda da noção de tempo; alto nível de motivação para a realização da tarefa; perda de autoconsciência; fusão entre ação e concentração; *feedback* objetivo. Vale ressaltar que esse estado pode não ser sentido apenas em situações de competição, momento de coroação de um processo que dura meses ou anos, mas pode e deve ser construído ao longo do processo de treinamento. Todas essas dimensões podem ser sintetizadas no conceito de divertimento.

Na voz de Joaquim Cruz

Quando eu entrava na pista para competir, eu já tinha realizado aquela prova incontáveis vezes, em todos os seus detalhes. Ou seja, eu vinha para cumprir um programa, inclusive com a cena da chegada. Todas as sensações e emoções eram minhas conhecidas.

Diante dos resultados obtidos pelo atleta ao entrar no estado de fluidez, Jackson (1999) caracteriza essa situação como experiência de pico, momento em que o atleta atinge seu rendimento ideal. Nesse momento o atleta atinge sua plena capacidade de realização da tarefa, obtendo um desempenho ótimo na atividade. De acordo com Garfield & Bennett, (1984) esse estado é marcado por alguns fatores como relaxamento físico e mental, excesso de confiança, foco no presente, sensação de alto nível de energia, concentração extraordinária, sentimento de controle absoluto da situação e sensação de proteção em um estado emocional criado que impede qualquer estímulo externo de intervir negativamente sobre aquela situação. Parece evidente que a definição dessas características está associada com um desempenho ótimo no esporte, levando a uma afirmação sobre sua relação com o estado de fluidez.

Foram muitas as passagens relatadas pro Joaquim Cruz em que se podem encontrar dados para serem analisados especificamente sob a luz do treinamento de habilidades psicológicas. Tanto assim que foi difícil descartar várias como o episódio da medalha de prata em Seul ou a participação nos Jogos Panamericanos de Mar del Plata após a superação de vários episódios de lesão.

O que marca de fato o registro dessas experiências é a clareza com que são rememoradas e relatadas. Não resta dúvida sobre a intensidade com que cada um desses momentos foi vivido, elaborado e agora ensinado para todos os que em maior ou menos grau desejam experimentar a sensação de ser um campeão.

Superando as Lesões e a Dor

Há muito o senso comum, reforçado pelo discurso da comunidade esportiva, cunhou a afirmação de que a dor faz parte do uniforme dos atletas de alto rendimento.

Não restam dúvidas de que o esforço despendido pelo atleta competitivo, para chegar à melhor condição física que lhe proporcionará os resultados satisfatórios, depende de uma dedicação singular a treinos e à preparação física. Entretanto, acostumado à idéia de associar desde as primeiras experiências atléticas a sensação de dor muscular a uma sessão de treinamento plena, o atleta tenderá a significar e simbolizar a dor ao longo de sua carreira a diferentes graduações e significados conforme o momento que vive, as expectativas sociais e seus diferentes desdobramentos.

Está provado que o nível de habilidade física não é a única condição para se obter sucesso no esporte de alto rendimento. Estudos apontam que o controle emocional é fundamental para lidar com situações adversas que ocorrem ao longo da vida do atleta, principalmente quando se está em risco a continuidade da carreira esportiva. A superação da fadiga e da dor é um desafio físico e psicológico constante para os que se defrontam cotidianamente com o limite e, conseqüentemente, o risco de lesões. A crescente demanda interna e externa leva a um retorno precoce aos treinamentos e às competições, abreviando o tempo da reabilitação, contribuindo em alguns casos para o agravamento de lesões.

A dor é apontada como um evento limitante do desempenho esportivo, principalmente pela associação que se faz dessa manifestação com a possibilidade de lesão. Apesar disso, poucos estudos são realizados sobre sua relação com as limitações do desempenho esportivo.

A falta de conhecimento e preparo para o enfrentamento de situações de dor favorece a ocorrência de lesões leves e graves, que podem não apenas diminuir o rendimento esportivo como gerar longos afastamentos de treinos e competições ou abreviar o final da carreira competitiva.

Considerando que o atleta vive o limite de seu corpo na busca do rendimento máximo dentro da modalidade, o enfrentamento cotidiano da dor e a possibilidade da lesão são reais, sendo necessário o desenvolvimento de ações para lidar tanto com a situação hipotética como real dessas ocorrências.

Conforme Buceta (1996), se fosse possível evitar que os atletas se lesionassem eles gozariam de mais saúde e poderiam cumprir melhor com a totalidade das demandas esportivas no seu entorno. Entretanto, essa possibilidade é utópica, pois é inevitável que se produzam lesões em um contexto onde o risco está implícito. Nesse sentido, o autor aponta alguns mecanismos que aumentam a vulnerabilidade às lesões:

- A debilidade do sistema imunológico aumenta a ocorrência de lesões;
- O estresse aumenta os níveis de ativação que levam a uma redução do enfoque atencional do atleta, que pode ignorar uma informação relevante cuja ausência pode levar à ocorrência de erros graves na tomada de decisões e na execução da tarefa;
- Em situação de esgotamento psicológico, o estresse pode provocar um rebaixamento dos níveis de atenção como conseqüência de uma ativação baixa. Nesse caso, o organismo não alcança o estado de alerta apropriado para o rendimento. A atenção se dispersa e não se detém em aspectos relevantes da tarefa, podendo levar a descuidos ou a uma avaliação inadequada de riscos de execução ou ainda a uma preparação deficiente para a prática;

- A sobreativação provocada pelo estresse também pode acelerar o cansaço e o esgotamento físico do atleta, levando à distração e pior utilização dos sentidos, aumentando os riscos de lesão;
- Essa sobreativação muscular específica pode dificultar a flexibilidade e a coordenação motora, prejudicando a qualidade dos movimentos corporais;
- O estresse pode provocar a presença de comportamentos incontrolados agressivos e de risco físico;
- Essa mesma condição pode levar o atleta a buscar o controle de situações estressantes, propiciando excesso de treinamento que resultando prejudiciais para sua vida e carreira.

Se a dor é um estado e uma constante na vida do atleta de alto rendimento faz-se necessária a apropriação, tanto por parte do atleta como da equipe que o acompanha, dos vários significados atribuídos a essa sensação.

Nos casos em que as lesões são comprovadas por meio de processos diagnósticos objetivos, sejam imagens ou exames clínicos, a decisão sobre os procedimentos acompanha proximamente a objetividade do diagnóstico. Entretanto, existem inúmeros casos onde há queixa de dor, específica ou não, não comprovada por exames. São esses os quadros de maior dificuldade de intervenção visto que a queixa se situa no limiar entre a realidade e a fantasia do atleta, mas ao ser manifestada, verbal ou fisicamente, não deve ser desprezada.

A carreira de Joaquim Cruz foi marcada pela dor, tanto pela intensidade com que realizava os treinamentos, como pela freqüência com que as lesões ocorreram ao longo de sua vida, provocando várias cirurgias e longos processos de reabilitação.

Na voz de Joaquim Cruz
Ao longo da minha carreira eu me machuquei muito. Todo ano eu tinha problemas de tendinites por causa da intensidade dos treinamentos. A minha estrutura física não estava preparada para tanta intensidade. Também não tinha o material esportivo adequado para me ajudar nos treino. O tênis que eu usava para os treinamentos só durava três semanas antes de abrir um buraco na sola. Meu treinador trabalhava de forma muito intensa e eu também. Todo ano o volume e a intensidade dos treinamentos aumentavam. Foi aí que comecei a ter os problemas de contusões.

A dor, sensação experimentada pela quase totalidade dos seres humanos, é considerada um fenômeno complexo e, portanto, deve ser estudada a partir de diferentes perspectivas e referenciais teóricos.

Segundo definição da Subcomissão de Taxonomia da Associação Internacional para Estudos da Dor (Merskey, apud Faleiros-Souza & DaSilva, 2004) a dor é uma experiência sensitiva e emocional desagradável, associada a dano real ou potencial dos tecidos, ou descrita em termos de tal lesão... A dor é sempre subjetiva. Cada indivíduo aprende a utilizar esse termo por meio de suas experiências prévias.

A dor é um sintoma que freqüentemente acompanha uma patologia e pode ser descrita como um sofrimento de origem física, psíquica ou de ambos, muito embora algumas doenças não causem dor (rinite, asma), indicando que a inexistência da dor ou a impossibilidade de alívio de um processo doloroso não significa garantia de saúde. Embora a ocorrência da dor seja encontrada nos mais variados grupos humanos, sua interpretação e percepção são grandemente influenciadas por fatores sociais e variam conforme raça, religião, sexo e nível socioeconômico (Pai, 2005; Sanches, 2002; Yeng, Teixeira, Loduca, Samuelian, 2005).

Autores apontam que a dor é uma das informações aferentes mais importantes para a preservação da vida (Kobayashi, 2003; Melzack & Wall, 1991). Desde o momento do nascimento, exceto pela constatação de alguma insensibilidade congênita, todos os seres humanos convivem com a dor em algum grau. Isso porque ela funciona como um alarme frente a alguma alteração biopsíquica. Tida como o quinto sinal vital, a dor é uma função humana com caráter adaptativo, educativo e protetor, pois protege o indivíduo de situações de risco à existência. É por meio dessa percepção que se aprende a evitar e reconhecer situações de perigo ou que provoquem o surgimento ou agravamento de lesões.

Na voz de Joaquim Cruz

Muitos dos problemas que eu tive com lesões, já adulto, foram por causa das más condições de treinamento no início da minha carreira. Quando eu comecei a treinar no SESI, eu corria de conga, era um tênis popular na época e o possível de se ter. A sola era de borracha fina e como eu usava para tudo, inclusive correr, em três semanas de uso já tinha um furo na sola. E não tinha dinheiro para comprar outro. Então a gente fazia uma palmilha com papelão e ia para escola. Sem qualquer mecanismo de amortecimento os tendões da minha perna foram sendo sobrecarregados. Lá na frente, quando já era atleta eu senti o quanto isso me prejudicou.

A consideração da subjetividade nos quadros de dor representou um importante avanço no tratamento de pacientes álgicos, por não estabelecer uma relação direta com uma lesão tissular. Isso porque até um passado recente as queixas que não pudessem ser comprovadas com a existência de alguma lesão ou afecção eram julgadas como invenção do paciente (Kobayashi, 2003). A confirmação desse esforço se deu com a publicação pela IASP de um texto que afirma que muitas pessoas relatam dor na ausência de lesão tissular ou qualquer causa fisiopatológica, sendo que esses quadros geralmente ocorrem por questões psicológicas. Normalmente não há nenhuma maneira de distinguir entre essas duas experiências (Merskey & Bogduk, 1994).

A literatura aponta que aproximadamente 20% dos neurônios no corno posterior da medula espinal é exclusivamente nociceptiva (NE) e 80% é multimodal (NM) (Teixeira & Yeng, 2005). Os NEs apresentam resposta desaceleradora, ou seja redução da atividade quando há manutenção da estimulação, enquanto os NMs atuam de forma aceleradora; aumentam a atividade com a persistência da estimulação nociceptiva. Essas particularidades justificam o fato de a dor muscular acentuar-se progressivamente durante os esforços físicos.

A dor pode ser classificada a partir de diferentes percepções. A duração desse estado tem sido um dos critérios mais aceitos, tanto na literatura nacional como internacional (Lin, 1996; Turk & Melzack, 1992), o que leva à divisão do conceito em dor aguda, evento de curta duração, de um breve instante a algumas semanas, decorrente de lesões teciduais, processos inflamatórios ou moléstias; dor crônica, queixa que acompanha o processo de uma doença ou está associada a alguma lesão tratada, com duração extensa que pode ir de vários meses a vários anos; dor recorrente, dor aguda que se manifesta em episódios de curta duração, acontece de forma intermitente, mas ao longo de muito tempo, e que apresenta característica crônica não claramente associada a etiologia específica.

Na voz de Joaquim Cruz

Eu tirei o gesso e um mês e meio depois, aos poucos, voltei aos treinos. Não fiz nem um trabalho de fisioterapia e voltei aos treinamentos com a mesma intensidade de antes. Resultado: tive uma inflamação no tendão. Um problema que eu nunca tinha tido antes. O tendão fazia um barulho, parecia que estava enferrujado. Aquilo me deixou apavorado. Fiz tratamento por um mês. Na época, a gente não tinha treinamento alternativo. Se tinha algum problema, a única opção era esperar parado. Isto causava muita ansiedade. Já tinha tomado antiinflamatório, mas sem resultado. Foi então que os médicos aconselharam uma aplicação de cortisona para diminuir a inflamação. A primeira coisa que me veio à cabeça foi a imagem do Garrincha e as palavras do João do Pulo. Mas, naquele momento não tinha muita alternativa. Tomei, fiquei uma semana com a talinha no pé e andando de muleta. Quando eu tirei, parecia que nunca tinha tido problema, estava cem por cento novamente, e voltei aos treinamentos.

É afirmação recorrente que a dor é um fator limitante do desempenho em qualquer situação, uma vez que suas conseqüências geram perda de mobilidade motora, de concentração e insegurança, podendo chegar à incapacitação. No esporte essas limitações ficam ainda mais evidentes, porque o atleta tem seu corpo como instrumento de trabalho e uma das funções da dor é indicar ao indivíduo as situações em que a carga fisiológica a que ele pode ser submetido foi excedida.

Os estudos sobre a dor na literatura esportiva têm se multiplicado, principalmente em função da diversidade de fatores envolvidos tanto no diagnóstico como no afastamento do atleta das atividades competitivas (Brolinson & Sampson, 2003; Glick & Horsfall, 2005; Waddington, Loland, Skirstad, 2006).

A constância da dor na vida do atleta vem desde a Antiguidade, quando o esporte era ainda uma atividade ritual destinada a honrar os heróis, daí sua associação com a agonística, representada na busca e superação de limites, assim como a perseverança observada na construção e busca da melhor forma atlética (Rubio, 2001; Silva & Rubio, 2003).

Essa diversidade de reações tem levado autores, principalmente americanos e europeus (Russel, 1993; Harris, 1994; Mangan & Holt, 1996), a estudarem o atleta como herói para a sociedade à qual pertence, buscando inclusive estabelecer uma taxonomia para identificá-lo, apontando como elementos constitutivos desse 'personagem' a capacidade de vencer e de satisfazer às necessidades do grupo, performances extraordinárias, aceitação social e espírito de independência.

Para que o atleta possa atingir satisfazer a essas expectativas e atingir bons níveis de rendimento, é preciso que esteja no melhor de suas condições físicas e psicológicas. Essa saúde compulsória reforça a idéia de que o atleta é um indivíduo saudável e que também detém o controle das ações e emoções vividas. Entretanto, alguns estudos mostram que a superexposição social, além dos altos níveis de exigência dessa atividade, pode levar o protagonista do espetáculo esportivo a atitudes extremas.

A carreira de Joaquim Cruz é pontuada por episódios de extrema dedicação, que o levaram a resultados excepcionais. Porém, a vivência no limiar do rendimento também provocou situações inesquecíveis que geraram o desconforto da dor e das lesões.

Na voz de Joaquim Cruz

Em Eugene eu comecei a treinar e a dor no pé retornou. Um médico achava que eu tinha uma fratura ou um início de fratura, o que a gente duvidava. Ele falava que era um osso quente, hotbone. Então eu vim para o Troféu Brasil, já com aquele problema no pé e não consegui correr. Fiz um tiro só. No dia seguinte, estava tão ruim que resolvi não correr e voltei para os Estados Unidos para me tratar. Fui a um outro médico, em Houston, no Texas, que me levou até a pista de atletismo próxima e me pediu para correr algumas vezes na pista. Ele falou: "Vamos abrir! Isso aí, a gente vai resolver!".

Diante da dificuldade de discriminar o limite de suas habilidades e as diferentes formas de dor, o atleta corre sérios riscos de superar os limiares aceitáveis de suas capacidades, deparando-se então com a possibilidade de lesões.

De uma forma geral, os atletas devem ser capazes de suportar alguma classe de dor; no entanto, raramente aprendem ao longo de suas carreiras a discriminar os diferentes tipos, o que dificulta não apenas a prevenção de lesões como os processos de reabilitação (Rotella & Heyman, 1991). Afirmam os autores que grande parte dos atletas não sabe qual tipo de dor ignorar e qual atender e responder, assim como também não sabem avaliar a quantidade de dor que são capazes de tolerar.

Na voz de Joaquim Cruz

Antes dos Jogos Olímpicos de Seul eu tinha passado por uma cirurgia e coloquei na minha mente que tudo ia dar certo, e deu certo. Muitas pessoas me falaram que uma vez que você é operado você nunca mais é o mesmo. Nós somos o que acreditamos ser.

Não tinha tempo para duvidar das condições do meu corpo mesmo ele estando um pouco ferido. Eu estava mais preocupado em preparar para superar as demandas da competição.

Considerando a quantidade e qualidade do esforço físico realizado por atletas, é possível afirmar que essa população tende a ter maior tolerância e um limiar diferenciado de dor que a população não-atleta. Essas razões podem ser de natureza psicológica ou cultural. Alguns estudos apontam como os atletas aprendem a lidar com as conseqüências das lesões consideradas com alto poder álgico em função da sua recorrência (Jaremko, Silbert, Mann, 1981; Williams & Roepke, 1993).

A dor é apontada como uma das queixas mais comuns em medicina esportiva, podendo resultar de trauma agudo, irritação crônica ou ser iatrogênica (Hillman, 2002). Afirma a autora que é fundamental entender que a dor é um sintoma que geralmente impede o atleta de seguir com suas atividades normais. E adverte para o perigo de mascará-la com o uso de analgésicos, uma vez que sua inibição pode agravar o quadro gerador, ampliando a gravidade da lesão. Essa afirmação é corroborada por outros autores (Andren-Sandberg & Thorsson, 1999) que apontam que o uso de analgésicos para disfarçar lesões esportivas não só é eticamente discutível, como também dificulta ao atleta superar o quadro gerador da dor e a possibilidade de apropriação dessa experiência sem significativo prejuízo à performance.

Na voz de Joaquim Cruz

A minha mente queria, mas meu corpo não conseguia acompanhar. Forçava a situação e acabava ignorando os sinais que o corpo transmitia. Cuidava do corpo, mas não da forma que ele merecia diante de tantas demandas. Foi aí que eu tive vários problemas de contusões e de saúde. Por causa da baixa resistência, comecei a desenvolver um problema de alergia ao pólen e ao feno. Durante os treinos, eu tinha um ataque de tosse que demorava meia hora para parar, e espirrava o tempo todo. E à noite eu comecei a acordar com falta de ar. E não podia tomar remédio porque eles eram banidos, por serem considerados doping.

De acordo com estudo de Teixeira, Yeng, Kaziyama e Ramos (2001) a dor que ocorre durante o exercício não parece ser exclusivamente relacionada ao acúmulo de radicais ácidos (ácido lático). A regulação da força muscular decorre do recrutamento ou ativação das unidades motoras. Após trabalhos com elevada carga, em que o indivíduo não está adaptado, ou durante e após treinamento excessivamente rigoroso para atividades esportivas e carga elevada, pode ocorrer dor muscular. Os autores concluem que a dor observada tardiamente na atividade física é particularmente comum após execução de contrações excêntricas. A contração excêntrica gera força mais intensa por fibra ativa e apresenta menos consumo metabólico por unidade de força que outras atividades musculares. É possível que a dor tardia seja causada mais por fatores mecânicos do que metabólicos no tecido conjuntivo que sustenta os músculos e esteja relacionada a microlesões ou necroses de fibras musculares.

Representa grande desafio para os profissionais que atuam no esporte a determinação e denominação das manifestações dolorosas referidas por atletas. Isso porque os atletas respondem de maneira diferente a estímulos físicos semelhantes, o que torna complexo o trabalho do técnico e do preparador físico.

Na voz de Joaquim Cruz
A dor da derrota às vezes era maior e mais difícil de tolerar do que as dores dos treinamentos. Para mim, era importante sentir os efeitos dos treinos e a dor era um indicador de que estava treinando perto da intensidade da competição. Acreditava que se sentisse dor nos treinos não haveria tanta dor na competição.

A literatura aponta que atletas de alto rendimento manifestam constantemente dor quando executam atividades com alto nível de exigências. Esse fenômeno tem gerado um consenso sobre a tolerância à dor como limitante do desempenho do atleta em sua prática esportiva. Alguns chegam a relacionar o nível de dor com a qualidade de seu desempenho, ou ainda, que o nível de tolerância à dor diferencia o atleta vencedor do perdedor no esporte competitivo de nível internacional (Anshel & Russel, 1994; Iso-Ahola & Hartifield, 1986). Muito embora esses estudos afirmem a relação entre esforço na prática esportiva e a dor Cook & Koltyn (2000) apontam não haver evidências experimentais para tal afirmação, pelo contrário há uma completa falta de estudos científicos que explicitem os mecanismos plausíveis da percepção de dor muscular durante o exercício. Esses estudos levantam ainda muitas dúvidas sobre a representação e significado da dor entre atletas e como lidar com essa sensação para que ela não se torne um problema em seu cotidiano e em sua carreira.

A estrutura do esporte profissional atual leva o atleta a cumprir uma rotina de treinos e competições nunca antes vista. Com o amparo das mais altas tecnologias voltadas para o desempenho, a vida do atleta é monitorada com o intuito de fazê-lo render o máximo durante longos períodos de tempo, retirando de si o controle sobre o monitoramento de suas atividades. Com isso são abreviados os períodos de descanso e de recolhimento, alienando o atleta em sua atividade. Nesse contexto, a dor é ainda um dos poucos argumentos aceitos por equipes técnicas e médicas para o afastamento de atividades produtivas, uma vez que ainda não existem exames clínicos ou laboratoriais capazes de comprovar com exatidão a dimensão da dor sentida ou manifesta (Rubio, 1996; 2006), embora a convivência com a dor pareça representar uma condição compulsória ao atleta que busca altos níveis de rendimento.

Kotarba (1983) é de parecer que atletas profissionais não observam diferença entre uma espécie de dor denominada normal e a dor crônica e argumenta que a realidade da atividade ocupacional dessa população não favorece essa distinção.

Rubio & Godoy Moreira (2007) observam que a dor é um importante sintoma sobre os limites da atividade e que nem todos os atletas fazem referência a esse episódio em suas histórias de vida. Nesse trabalho, apontam que vários atletas medalhistas olímpicos são capazes de distinguir a dor relacionada às atividades cotidianas de treinos e competições e que não o impedem de exercer suas atividades, denominada dor do treinamento, de um outro tipo de dor ocasionada por lesão ou trauma, e que o afasta de sua profissão, denominada dor da lesão.

Na voz de Joaquim Cruz

Eu não falava isso para o meu treinador. Se você quer ir aos Jogos Olímpicos, tudo abaixo desse ideal passa a ser uma coisa menor. Então, eu não queria passar isso para o Luis Alberto, para não afetar os meus treinamentos, porque nós vivíamos um período de alguns conflitos. Havia acabado de fazer minha sexta cirurgia no tendão de Aquiles. Vim ao Brasil e tinha um treinamento de rampa para fazer. Aqueci e senti que

> o tendão ainda estava muito dolorido do treino do dia anterior. De um lado, queria ouvir os sinais do corpo e esperar um dia até a dor desaparecer. Por outro lado, precisava do treino para me preparar para as competições futuras. Fiz o treino. Cheguei em casa, coloquei gelo e refleti. Cheguei à conclusão de que não estava tendo chance. O meu corpo havia mudado. Ele estava frágil. Desde 1986 eu estava agindo destrutivamente, sem ouvi-lo ou dar o tempo necessário para a sua recuperação. Naquele mesmo dia telefonei para o Luis Alberto para avisá-lo que não estava pronto para seguir um programa de treinamento. Ele concordou. Daí, comecei a fazer um trabalho por conta própria, dando mais atenção e respeitando os sinais do corpo. Descobri uma forma nova, uma forma que começou a dar certo. Depois de algumas semanas, liguei para o Luis Alberto e falei: "Agora estou pronto para receber o treinamento". Mas ele continuou a planejar o treinamento com a mesma intensidade. Tive que interferir e opinar no programa. Se tivesse um treinamento que ia me fazer mal ao ponto de causar uma lesão, procurava um treinamento alternativo.

A dor do treinamento é gerada pelo desconforto vivido pelo atleta em diferentes momentos da periodização, marcados por grande exigência física quando é necessária a obtenção de um padrão corporal para se atingir as demandas de futuras competições.

Essa sensação acompanha o atleta desde o início de sua vida esportiva e em muitos casos é interpretada como a resposta a um treinamento bem executado, a um período de trabalho com afinco e condição necessária para se alcançar êxito nas próximas empreitadas onde o esforço será multiplicado.

Essa observação vai ao encontro dos estudos de Pimenta (2000) e Calvino & Grilo (2005) nos quais se observa que a dor nem sempre está relacionada exclusivamente à lesão tecidual, impedindo a mensuração objetiva da relação entre natureza e extensão da lesão com a intensidade da dor.

Na voz de Joaquim Cruz

É preciso entender que a dor do treinamento é tolerável porque é o próprio atleta que a provoca. Não é uma coisa terrível ou desconhecida. Eu percebia que tinha feito um bom treino quando ao final eu sentia aquela exaustão que parecia dor, mas que depois de um bom sono tudo estava normal.

Platonov (2004) entende que as cargas musculares denominadas não-racionais (especialmente de força potente e força máxima) são a causa da dor muscular tardia, que normalmente desponta dois dias depois das sessões de treinos intensos. Segundo o autor os técnicos e atletas não costumam dar muita importância a essas manifestações por considerá-las normais em início da temporada, momento em que é realizada a transição para grandes cargas ou para uma brusca troca de orientação do processo de treinamento. Adverte, no entanto, que esse tipo de dor muscular tardia, pode produzir sérias alterações de caráter bioquímico, histológico e estrutural no tecido muscular.

Segundo Sanches (2007), a dor crônica, que persiste para além da utilidade fisiológica, atua como agente estressor ao organismo, deixando de ter uma função biológica de alerta e assumindo um caráter de processo patológico crônico com a apresentação de dor contínua e recorrente, mal delimitada no tempo e no espaço, com respostas emocionais de sofrimento do indivíduo relacionadas à ansiedade e à depressão.

Quando o componente subjetivo da dor, bem como as implicações culturais e de história de vida individual passaram a ser considerados sobre a sua representação, foi possível a avaliação no contexto do esporte. Daí a afirmação de que o significado atribuído à percepção que o atleta tem da dor do treinamento é único e também pode ser alterado ao longo de sua história. Isso porque o limiar alcançado em uma circunstância pode ser alterado em função de novas experiências vividas pelo atleta. A intensidade e duração da dor do treinamento no início da carreira ganham proporções extremas, talvez pela falta de parâmetros que o atleta, ainda imaturo e inexperiente, tenha. Com o acúmulo de vivências, seu repertório se amplia proporcionando maior domínio e controle da sensação dolorosa. Esse desenvolvimento, no entanto, não implica percepção de limite, ou seja, a consciência do extremo da própria resistência, o que impediria a situação da lesão.

Na voz de Joaquim Cruz
Desde o início da minha carreira, fazia algo que me diferenciava dos outros atletas. A intensidade do treinamento era uma dessas coisas. A dor fazia parte do meu uniforme, do meu dia-a-dia. Sem ela, não havia progresso.

Se a dor do treinamento é admitida como uma constante na vida do atleta de alto rendimento, por outro lado a dor da lesão é vista como insuportável (Rubio, 2006). As razões para essa distinção são encontradas no discurso de vários atletas que apontam a condição de incapacidade gerada pela lesão.

Enquanto a dor do treinamento é geradora de desconforto, a dor da lesão está associada a inúmeras perdas ocasionadas pelo afastamento dos treinos e competições. A lesão em si obriga o atleta a alterar radicalmente sua rotina de trabalho, pois ao invés de se dedicar às atividades de treinamento e competições ele agora é obrigado a viver uma rotina de reabilitação. Ou seja, essa modalidade de dor traz agregados inúmeros fatores de ordem extrínseca, como o afastamento da atividade competitiva e da mídia, por vezes a perda de importantes contratos e o risco de uma aposentadoria precoce e indesejada.

Isso leva os atletas a adotarem diferentes modos de enfrentamento para essa situação, como a negação, a raiva, a negociação, a depressão ou a aceitação e reorganização de suas vidas.

Gerrero (1997) entende que a lesão é uma fonte de tensão, dor, dúvidas e sofrimento e diante de seu impacto na vida do atleta e de toda a equipe que com ele trabalha, seria fundamental encontrar sistema de detecção que permitissem antecipar, prevenir e discriminar o risco que certos atletas apresentam em sua atividade esportiva.

Na voz de Joaquim Cruz

Parava por alguns tempos, mas a minha mente permanecia agitada. O objetivo era me preparar para a Europa para vencer e tentar quebrar o recorde, mas para isso eu tinha que ter tempo. O tempo era superimportante na minha vida naquele momento e eu não tinha paciência para esperar.

Acostumado com uma rotina disciplinada de treinos e esforço o atleta lesionado experimenta uma situação singular durante um período de pausa por causa de lesão, o que pode representar um momento de reflexão em sua vida e carreira, como pode ser o desencadeador de psicopatologias.

Soler (1997) aponta que a vivência de uma lesão tem um significado catastrófico na vida do atleta. Isso porque qualquer transformação em seu meio interno ou externo, qualificada como de importância para sua vida, ocasionará uma série de modificações em seu cotidiano e de sua totalidade como indivíduo, os quais desencadearam, em maior ou menor grau, a variação de seu próprio espaço de significação. A conseqüência dessas alterações poderá ir de meros transtornos adaptativos até quadros de disfunções de conduta. A lesão esportiva pode ter origem em importantes transtornos subjetivos do atleta, como dor, impotência funcional, distorção da homeostase ou dano tissular, que em ocasiões extremas pode levá-lo a um quadro de instabilidade irreversível e finalmente à morte. Entende o autor que em qualquer caso juntamente com esse acontecimento patológico orgânico irá ocorrer modificação de suas atitudes e tais reações apresentarão as seguintes características:

- O registro emocional doloroso que o atleta lesionado experimentou deve ser coerente ou proporcional às conseqüências ou à previsão dos efeitos futuros da lesão tanto em sua magnitude como em sua duração;
- A conduta desse atleta deve ser adequada às novas exigências impostas pela alteração orgânica de que se trata;
- Tal reação comportamental não deve ser origem de perda de consistência ou de empobrecimento de sua percepção da realidade que o circunda;
- Seus novos modos de ação não deverão ser causa determinante do transtorno de sua nova integridade orgânica e/ou funcional.

Na voz de Joaquim Cruz

Eu detestava treinar machucado. Convivia com as dores de treinamento e gerenciava isso de uma forma bem natural, mas ficava super irritado quando a dor ori-

ginava de um outro lugar que não fosse do treinamento. Me irritava com isso a ponto de perder a concentração. Após cada operação, sabia com convicção que tudo ia ficar bem no final, que havia luz no final do túnel. Era um túnel escuro, mas conseguia ver uma luz no final.

Outros fatores físicos apontados como desencadeadores de lesão no exercício e no esporte são desequilíbrios musculares, colisões em alta velocidade, treinamento excessivo e fadiga física. Hardy & Crace (1988) apontam ainda que fatores de personalidade, assim como níveis de estresse e algumas atitudes estão associados a lesões esportivas. Entendem os autores por personalidade um conjunto de traços que envolvem autoconceito, introversão-extroversão e inflexibilidade, características diretamente relacionadas à ocorrência de lesões, por interferirem na avaliação que o atleta faz da situação vivida e no conseqüente processo de enfrentamento adotado para lidar com ela (*coping*). Os níveis de estresse são também apontados como antecedentes importantes da lesão esportiva, embora estejam relacionados de maneira complexa. Isso porque não são apenas os agentes estressores do próprio meio esportivo que atuam sobre a vida do atleta, mas há também aqueles relacionados à vida cotidiana.

O momento da lesão pode representar uma situação de risco redobrada para o atleta. Isso porque se ele não contar com uma infra-estrutura de apoio médico e social sua recuperação e reabilitação podem não ocorrer conforme sua necessidade, pondo em risco seu futuro. Isso leva alguns a abreviarem seu retorno, facilitando a ocorrência de novas lesões, ou ainda adiando indefinidamente o retorno aos treinos e competições devido à lembrança do momento da lesão ou ao medo de novas ocorrências.

O receio de novas lesões, bem como o abalo na autoestima e autoconfiança do atleta são reações freqüentes durante o processo de reabilitação esportiva. Por isso, Markunas (2000) e Ucha (1997) apontam que é preciso uma intervenção específica no sentido de facilitar a superação de reações como negação, desilusão, isolamento, enfado, dúvida, depressão, aceitação e resignação, que interferem diretamente no andamento do processo de reabilitação. Além disso, quando a lesão impede a prática das atividades esportivas é comum que o atleta isole-se e relate solidão como uma resposta emocional à situação vivida.

Após a ocorrência de uma lesão, o atleta necessita se adaptar a uma nova rotina que exclui os procedimentos básicos a que ele está habituado. Para a superação dessa fase, é necessário o desejo de continuar atuando e a compreensão de que esse é um momento passageiro, mas que requer esforço e cuidados. Para tanto, conhecer as causas da lesão, os limites de seu organismo e os meios disponíveis para uma boa recuperação são fundamentais para a disponibilização de recursos de enfrentamento.

Na voz de Joaquim Cruz

Quando machuquei o meu tendão de Aquiles, duas horas depois já estava no consultório do médico para um primeiro exame. Já queria resolver o problema de imediato. Eu tinha fugido da escola da paciência... O problema maior era que o tempo estava passando e eu tinha que me preparar para as competições da Europa, porque os diretores de provas já estavam ligando para garantir a minha participação. No processo de recuperação, tinha que passar por três treinamentos: o físico, o mental e o da paciência.

O isolamento vivido pelo atleta em função da lesão pode desencadear reações psicossociais que repercutem nas esferas familiar e profissional como um mecanismo de enfrentamento, ou de compensação, diante da situação, considerando a sensação de injustiça e inconformidade diante do ocorrido.

A depender do momento de vida que o atleta atravessa, o reconhecimento que tem do público e de apoiadores e a percepção da estima que tem do meio social, a lesão pode ser vivida como um desastre, um alívio, um embaraço ou uma oportunidade para mostrar seu valor pela ausência da atividade desempenhada (Markunas, 2000). Aponta a autora que o termo reabilitação está associado à normalização de atividades sociais e profissionais ou reaquisição da estima pública ou particular, nesse sentido o apoio social favorece o restabelecimento de seu protagonismo e conceito anterior perante seu grupo específico e à sociedade como um todo.

Crossman (1997) entende o apoio social como fator fundamental para a reorganização da vida do atleta lesionado. Concebe apoio social como a presença de colegas de equipe e comissão técnica em seu cotidiano, agora alterado por uma rotina de reabilitação, incentivando-o em suas atividades e apoiando-o nas diversas fases do tratamento. Familiares e amigos também compõem esse grupo capaz de proporcionar o acolhimento necessário para a superação de um momento que pode durar algumas semanas ou meses.

Autores discutem as repercussões do pós-operatório na vida de atletas que passam por processos cirúrgicos e apontam a necessidade de atenção para as possíveis referências a episódios de dor (Eck & Riley, 2004; Iwamoto, Takeda, Wakamoto, 2004; Naal, Maffiuletti, Munzinger, Hersche, 2007).

Na voz de Joaquim Cruz
Quando você chega numa fase na sua carreira e não tem muito conhecimento sobre contusões, você começa a pensar destrutivamente. Como havia passado por uma operação no pé com sucesso, achei que a solução para as contusões mais complicadas era seguir o mesmo caminho. O atleta nunca opta pelo repouso quando se machuca. Em 1986, machuquei o joelho. Fiquei quatro semanas parado. Daí, perdi a paciência e apelei para a faca, mesmo. Eles abriram e não encontraram nada no joelho. E uma coisa leva à outra. Toda vez que você faz uma operação, seu corpo enfraquece. Um mês depois, já estava na pista correndo.

Platonov (2004) afirma que o esporte de alto rendimento é uma atividade caracterizada pelo desenvolvimento de muitas lesões, além de estados patológico e pré-patológicos que implicam perigo para a saúde. O autor mostra estudos que apontam o crescente aumento de traumatismos na prática esportiva, com cifras como entre 10 e 17 % de todas as lesões sofridas e 16% do total de ocorrências sofridas por crianças e jovens americanos. O autor mostra uma pesquisa realizada com um grupo de atletas de nível internacional em que a presença de enfermidades relacionadas à prática esportiva e a traumatismos leva a um índice de ausência em treinamentos entre 7 e 45% e em competições de 5 a 33%, indicando que o atleta gasta mais tempo de sua vida no tratamento e reabilitação de lesões do que na atividade de treinamento e competição em si. Essa freqüência está diretamente associada à modalidade esportiva praticada, visto que em algumas delas, como no remo, na natação, na patinação artística, no halterofilismo, no voleibol, as lesões são produzidas durante as sessões de treinamento (60 a

75% do número total de lesões), enquanto em outras, como no hóquei, no basquetebol e no handebol, 60% das lesões são produzidas durante a competição, talvez pelo contato físico intenso vivido entre os competidores. Conclui o autor que existe uma estreita relação entre o estado de saúde dos atletas, o nível de suas possibilidades funcionais e sua disposição para a atividade competitiva eficaz.

Assim como a dor do treinamento pode estar associada à dor crônica, a dor da lesão pode ser comparada à dor aguda que ativa o córtex sensitivo-motor bilateralmente, resultando mais em comportamento cognitivo motor do que na experiência emocional propriamente dita.

Em algumas circunstâncias, uma lesão pode provocar marcas de difícil reparo. Observa-se essa ocorrência quando os exames clínicos e laboratoriais indicam a total recuperação do atleta, mas ele ainda se sente impossibilitado de retomar suas atividades, seja por temor de uma nova lesão ou pela recorrência com que a imagem da lesão anterior habita seus pensamentos.

Soler (1997) afirma que nesses casos há uma cronificação psíquica da lesão que corresponde à influência que a semântica da lesão desempenha no curso clínico e no prognóstico do atleta; e a cicatriz psíquica da lesão uma disfunção do comportamento do atleta lesionado que recebe alta para o exercício de sua atividade concreta, e se caracteriza pelo temor intenso, às vezes obsessivo, freqüentemente incontrolável e com um conteúdo irracional que pode levar a novas lesões ou recair nas que já haviam sido curadas. O medo gerado, muitas vezes relatado como um mortificante, condicionado ao surgimento de comportamentos de autoproteção exagerada, ou de compensação funcional diante das diversas cargas de trabalho que o treinamento e a competição impõem, provocam distorções substanciais nas trajetórias tempo-espaciais do gesto técnico, o que causa um verdadeiro processo de generalização de 'defesa'. A conseqüência paradoxal dessa situação é que os estereótipos motores transtornados do atleta, dos quais emergem claramente seus traços protetores de uma parcela anatômica, terminam por reincidir na mesma lesão e/ou em alterações de gestos e movimentos por sobrecarga de outras estruturas do corpo.

Alguns estudos publicados sobre a volta de atletas lesionados à atividade competitiva mostram a dificuldade que a equipe médica tem de liberar atletas para o retorno às atividades regulares sem correr o risco de novas lesões imediatas, uma vez que apenas os exames clínicos e por imagem não têm sido suficientes para evitar o prognóstico de novas lesões (Kvist, Ek, Sporrstedt, Good, 2005; Nemeth, Von Baeyer, Rocha, 2005; Orchard, Best, Verrall, 2005).

Considerando as indicações da literatura sobre o componente subjetivo da dor, assim como as implicações culturais e as diversas representações construídas ao longo da história de vida individual, é possível afirmar que o trato dessa queixa merece cuidado redobrado, posto que sua manifestação pode camuflar conteúdos latentes, como insatisfação, dúvida, medo tanto em relação ao presente como às perspectivas de sua vida pessoal e profissional no esporte. Essa situação aponta para a importância e necessidade da manifestação da dor como sintoma que acusa uma desorganização do sujeito. E, portanto, diante da inespecificidade da dor, o uso de elementos exógenos pode camuflá-la ou eliminá-la, mas não necessariamente atuará sobre sua origem.

Preparando-se para a Transição de Carreira

Atletas de alto rendimento têm sua história de vida relacionada diretamente à prática do esporte, atividade realizada quase sempre desde a infância, o que a faz estar diretamente relacionada à sua identidade, condição que define o sujeito na sociedade e em seu grupo social.

Entendemos aqui o conceito de identidade a partir de Hall (2000), para significar o ponto de encontro entre os discursos e práticas que tentam nos 'interpelar', falar ou convocar para que assumamos nossos lugares como os sujeitos sociais de discursos particulares e, por outro, os processos produtores de subjetividades, que nos constroem como sujeitos aos quais se pode 'falar'. As identidades são, pois, pontos de apego temporário às posições-de-sujeito que as práticas discursivas constroem para nós. Essas identidades, constituídas no interior de práticas de significação, são produzidas em locais históricos e institucionais únicos, emergindo das relações de poder, sendo produto da diferença e não de uma unidade idêntica, da prática da alteridade.

Sendo assim, se a prática esportiva promove o desenvolvimento da identidade do atleta, o final de sua carreira representará a necessidade de mudança de um papel social, construído desde a infância, para o desenvolvimento de uma nova identidade. Da mesma forma que a identidade de atleta necessitou alguns anos para se consolidar, a transição para um novo papel social também se dá como processo, o que demanda do sujeito tempo e recursos emocionais e materiais para sua concretização.

Esse processo é nomeado de transição de carreira.

Na voz de Joaquim Cruz
Enquanto a gente está competindo, não pensa que uma hora tudo aquilo vai acabar. É impossível acreditar que aquilo tudo terá fim. Quando o final chega, os avisos surgem de formas diferentes: a mente começa a rejeitar o treinamento, a recuperação da lesão demora mais, o mesmo esforço não gera o mesmo resultado. Isso é natural. Vem para todo mundo.

O termo transição de carreira é usado para se referir às mudanças de estágios que ocorrem ao longo da carreira de um atleta. A transição pode ocorrer na carreira, quando o atleta vive os estágios comuns ao desenvolvimento e ascende dentro da modalidade nas diferentes categorias competitivas, quase sempre determinada por referenciais etários. Chamamos de estágios de desenvolvimento porque esse processo de dá sem que se possa alterar o curso de algumas circunstâncias, como a mudança de idade e, portanto, obrigatoriamente a passagem para categorias acima das atuais. É de se esperar que os que se destacam em suas categorias enfrentem e superem essas fases, desempenhando com brilho o protagonismo de ações esportivas em outros grupos e momentos.

A chamada transição de carreira refere-se ao momento em que o atleta se prepara para se retirar de treinamentos e competições, em um processo que pode ser planejado ou compulsório. Entretanto, esse processo ocorre em um momento de vida do sujeito cronologicamente precoce, quando ele vive ainda sua plenitude biológica, disparando uma emoção paradoxal, pois ao mesmo tempo em que se deseja o descanso é ainda muito cedo para se sentir afastado das atividades produtivas (Murphy, 1995). Entende o autor que retirar-se da carreira esportiva significa a necessidade de adaptar-se a uma nova condição de vida, em diferentes papéis e realizando ações que não necessariamente estarão relacionadas com a identidade do passado. Por isso, é fundamental entender o processo de construção da identidade do atleta para poder prestar a atenção necessária a esse momento de transformação e alteração. Isso porque a identidade do atleta pode ser compreendida a partir do aspecto motivacional, ou seja, as razões que o levaram a se destacar da média e alcançar posição de destaque em sua modalidade dentro da esfera competitiva relaciona-se à capacidade de perseguir objetivos e persistir diante da adversidade. A transição de carreira, nesse sentido, pode representar uma experiência que abre novas oportunidades para o atleta, em que ele pode tentar novos caminhos e explorar novas oportunidades.

Já a European Federation of Sports Psychology – FEPSAC (1997) descreve a transição da carreira como estágios de desenvolvimento ao longo da carreira do atleta, sendo eles:

- A aprendizagem e escolha da modalidade esportiva.
- O ajustamento ao treinamento intensivo e aumento nos níveis de competição.
- A superação das diferentes categorias na modalidade em diversas instituições como o time da escola, do clube ou da universidade.
- A participação em diferentes competições nacionais e internacionais e o estágio profissional.

Ao discutir esses estágios, a FEPSAC não entende a transição da carreira esportiva como parte do processo de desenvolvimento do atleta, nem como algo inevitável em sua vida, perspectiva corroborada por autores que entendem ser essa transição um acontecimento abrupto e repleto de experiências negativas (Alfermann, 2000; Lavallee, 2000).

O processo planejado de transição pressupõe uma preparação que começa pela diminuição do ritmo de treinos e competições e pode ser desencadeado pelo decréscimo da motivação intrínseca ou por sinais de fadiga. O processo compulsório se dá por algum impedimento físico, como lesões ou perda de potencial físico, ou institucional, como questões de ordem política que alteram o curso do plano de vida e impõe a necessidade não deseja e não planejada (Stambulova, 1994).

Não há dúvidas que a transição de carreira para Joaquim Cruz se deu de forma planejada e em um momento pleno de realizações. Depois de conquistar duas medalhas olímpicas, entrar para a história do esporte brasileiro e internacional como um dos maiores corredores, era preciso pensar em finalizar aquele processo e se retirar do papel social de atleta para desenvolver novos papéis, em outros ambientes, onde sua história de vida e experiência pudessem proporcionar as chances que ele mesmo teve quando iniciou sua carreira.

Na voz de Joaquim Cruz

Em 1989, eu fui operado. No início do ano, estava com tanta sede de competir. Durante a noite rangia os dentes dormindo, de frustração. Antes, eu praticava o esporte e aquela sensação de querer era natural, mas agora era diferente. Eu queria treinar, viajar, competir e aproveitar o momento. Eu sabia que os meus dias no esporte estavam chegando ao final.

De acordo com Sgobi (2008), o encerramento da carreira esportiva começou a ser compreendido como um importante fenômeno nos últimos vinte anos. Isso porque a divisão social entre atletas de elite e a população em geral começou a ganhar novos contornos a partir do final da década de 1980 com a expansão da profissionalização de atletas, até então proibida pelas rígidas normas do Comitê Olímpico Internacional.

Um dos elementos que leva o atleta a planejar a transição de sua carreira é o fato de seu corpo já não mais responder às expectativas de rendimento em treinos e competições, impedindo e obtenção de resultados já alcançados no passado. Para os que viveram a condição de campeões, essa situação ganha outros contornos, uma vez que além dos resultados competitivos o atleta experimentou também a glória da vitória e todos seus desdobramentos.

Em um estudo realizado no Canadá, Sinclair & Orlick (1993) apontam que atletas que alcançam suas metas ao longo da carreira tendem a sentir mais satisfação com sua situação e vida presentes do que aqueles que tiveram frustrações e não conseguiram conquistar seus objetivos esportivos. Essa é mais uma indicação da continuidade da carreira do atleta e a necessidade de avaliação dessa trajetória antes de se pensar em avaliação ou procedimentos de intervenção universais e generalizantes, principalmente por se tratar de pessoas habituadas a situações extremas, e por que não, vitoriosas.

Ideal da sociedade atual, o vencedor é lembrado e valorizado pela suplantação do outro, independentemente dos recursos utilizados para esse fim (Rubio, 2006b). Ao derrotado resta a vergonha pelo objetivo perdido, a confusão com a incapacidade e a falta de reconhecimento pelo esforço realizado. Diante do resultado obtido e comparando-o com o desejado é compreensível o sentimento de frustração, raiva ou talvez decepção do atleta quando não consegue atingir seu objetivo Se a competição na atualidade remete à necessidade da vitória como afirmação de superioridade sobre o adversário, vale ressaltar que não se pode pensar em competição nem vitória sem a presença do oponente. Ainda que a atenção de atletas e técnicos esteja focada na superação de marcas e tempos, o que se vê é a necessidade imperiosa de suplantar aquele capaz de promover sua própria frustração, estado esse manifesto na situação da derrota.

A dificuldade de se de lidar com a derrota talvez resida na posição que essa condição assumiu na cultura contemporânea ocidental. Fincada em um modelo de rendimento-premiação no qual não apenas ganhos materiais estão em questão, mas também o reconhecimento de um feito que garante a imortalidade, é possível dizer que a derrota é a sombra social do esporte contemporâneo. Entende-se por sombra os elementos do psiquismo individual e coletivo, que incompatíveis com a forma de vida conscientemente escolhida, não foram elaborados levando-os a se unirem ao inconsciente, o que os faz agir de maneira relativamente autônoma, com tendências opostas às do consciente. Dessa forma, assiste-se a uma afirmação do imaginário heróico no esporte contemporâneo, não por sua proximidade com a superação de limites, mas pela identificação unilateral com as proezas reconhecidas e justificáveis de pessoas consideradas sobre humanas.

Os valores promovidos por uma grande parcela da sociedade ocidental contemporânea estão baseados na excelência e na motivação individual e social voltadas para a produção. Essa forma de vida facilita o desenvolvimento de um modelo esportivo que prepara crianças e jovens para o sucesso em uma vida altamente competitiva e desenvolve valores morais como a perseverança, o sacrifício, o trabalho árduo, o cumprimento de normas, o trabalho em equipe e a autodisciplina. Entretanto, esses mesmos valores são responsáveis por muitos problemas éticos encontrados no esporte, entre eles a glorificação dos vencedores e o esquecimento dos derrotados. No esporte, isso tem levado à desumanização do atleta e à sua alienação.

Na voz de Joaquim Cruz

Tudo que eu falo para você aconteceu, mas eu só percebi isso depois. Existem dois tipos de atletas. O atleta vencedor e o atleta perdedor. O atleta vencedor decide abraçar o esporte para ser o melhor e fazer a diferença. Esses atletas dificilmente se misturam, estão sempre focados no objetivo. Os atletas perdedores estão ali para preencher raias na esperança de um resultado positivo. Eles dão atenção para tudo: Para o diretor que não paga bem, a cama que está muito mole e o tempo que está sempre nublado e com possibilidade de chuva. Esses atletas se juntam para reclamar e assim sobrevivem. Eles precisam encontrar uma coisa em comum e tiram força disso. Tive a oportunidade de conhecer aquele lado do esporte no final da minha carreira.

Quando abordamos o esporte competitivo, lidamos com pessoas que passaram a maior parte de suas existências envolvidas, por vezes exclusivamente, com uma vida de treinos e competições. Embora a vitória e a derrota façam parte do repertório do atleta, aquele que conseguiu chegar a um nível de representação nacional certamente experimentou muito mais situações de vitória do que de derrota. E reforçando a máxima de que sobre a vitória não é preciso elaboração, os momentos de derrota são sempre tidos como próprios para avaliar erros e refazer planejamentos.

Durante e depois de sua carreira, o atleta enfrenta inúmeras situações com diferentes níveis de exigência de ajustamento nas esferas de vida ocupacional, financeira, psicológica e social. A aposentadoria, no aspecto de ajustamento a vida, não se mostra diferente de outras profissões ou mesmo de outras formas de transição e é uma fase inevitável da carreira esportiva (Martini, 2003).

Situações vividas por pessoas que praticam esporte desde a infância se somam para marcar as etapas de transição na carreira, que vão das primeiras competições, ainda na escola, às primeiras viagens para competições intermunicipais, passando pelas primeiras convocações para seleções, até os títulos nacionais e internacionais.

Esse processo que se dá em um plano de desenvolvimento, que segue de perto as etapas do desenvolvimento humano, ganha contornos nítidos ao se observar que a carreira esportiva tem um tempo limitado para ocorrer, atingindo sua fase áurea durante a segunda e terceira décadas da vida e que se encerra quando ainda é tempo para se realizar inúmeras outras atividades. Considerando a dedicação necessária para a construção de uma carreira vitoriosa, o momento de aposentadoria também pode representar o início de uma nova fase na qual realizações que permaneceram latentes ganham espaço para se manifestarem.

Murphy (1995) e Levy, Gordon, Wilson & Barrett (2005) apontam diferentes circunstâncias para se iniciar um processo de transição de carreira.

Seria possível começar com uma livre escolha, condição ideal para finalizar uma atividade que por tanto tempo conferiu sentido à identidade do atleta. Entre as várias razões que levam o atleta a optar por finalizar sua carreira estão o fato de já ter alcançado os objetivos a que se propôs, a determinação de novas prioridades para sua vida (situação intimamente relacionada com o nível de motivação desejado e necessário para se manter na vida competitiva) e a falta de prazer no que vinha realizando, condição também relacionada à motivação. Para os autores, os atletas que escolhem parar sua atividade esportiva competitiva podem se preparar para isso, planejando suas ações futuras e executando essas ações dentro do ritmo próprio de sua dinâmica psíquica. Ou seja, agindo dessa forma há tempo para que diferentes mecanismos de enfrentamento sejam experimentados e mobilizados ao longo do processo. Entretanto, a escolha desse momento não garante a inexistência de sofrimento pela situação, uma vez que sentimentos de perda fazem parte do processo que leva a uma reflexão sobre uma história pregressa contemplada de êxito.

Outras causas apontadas pelos autores são da ordem do incontrolável, do inexorável e do inevitável. A idade é uma das razões mais comuns para a transição de carreira. Isso porque há um declínio inevitável das capacidades físicas com o decorrer dos anos e, ainda que as novas tecnologias e o avanço da ciência contribuam para que esse limite se prolongue, não é mais possível adiar o momento indefinidamente. Dependendo da modalidade, isso pode ocorrer precocemente ou ser adiado para a idade adulta madura. Outro fator que pode contribuir para a transição da carreira de um atleta é o corte ou o fato de ter sido preterido na escalação para a constituição de uma equipe em uma importante competição. O processo de seleção – o qual Lavallee (2000) nomeia de "darwinismo esportivo" – pode desencadear a perda de motivação e de objetivos para a vida do atleta, que não encontra mais motivos para continuar se empenhando em treinos. Esse processo seletivo ocorre ao longo de toda a carreira esportiva, desde as categorias iniciais, e sua superação é incluída no repertório de todos os atletas que desejam alcançar o alto rendimento. Embora vista como necessária ao processo, não há uma preparação adequada ao seu enfrentamento, visto que tanto a impotência como a frustração são decorrências desse fato. Indivíduos que têm pouca mobilização de recursos para lidar com esses sentimentos estarão mais sujeitos a desistir diante da adversidade. Vale ressaltar que entre os vários motivos que contribuem para o corte estão a falta de controle emocional, a raiva, a falta de apoio e de recursos de enfrentamento e incerteza quanto ao futuro.

 E por fim as lesões são também responsáveis pelo final da carreira competitiva de muitos atletas. Se a lesão é grave o suficiente para fazer o atleta finalizar sua carreira ou trazer dúvidas sobre sua continuidade, a possibilidade da transição deve ser incluída entre as estratégias de enfretamento da lesão. A menos que o atleta tenha ótimos recursos de enfrentamento, essa dupla conquista é desejável ao ajustamento. Na atualidade, a lesão é o fator que se sobrepõe aos demais na transição da carreira esportiva. Isso talvez esteja associado à necessidade de cumprimento de uma agenda repleta de compromissos determinados por patrocinadores e meios de comunicação, sobrecarregando o atleta, muitas vezes alterando sua periodização de treinamentos e abreviando os períodos de descanso necessários ao restabelecimento e à prevenção de lesões, que quando ocorrem resultam em uma extensa variedade de dificuldades psicológicas, incluindo medo, raiva, ansiedade, perda de auto-estima, quando não depressão.

A transição de carreira atlética resulta de vários fatores individuais e sociais que vão do avanço da idade, a sucessão de lesões, ou ainda a escolha de outra carreira, ao desejo de dedicar mais tempo para a família, etc. Ela pode ser definida como um evento que resulta de uma troca nas suposições sobre si mesmo e o mundo e assim requer uma mudança correspondente nos relacionamentos e comportamentos próprios (Wylleman, Stambulova, & Biddle, 1999).

No caso de Joaquim Cruz, a transição de carreira começou a ser preparada quando seu corpo deu sinais de exaustão. Acostumado a treinar assiduamente e sempre no limite de sua capacidade, tornou-se difícil reconhecer que já não era mais possível fazer as mesmas marcas. Essa constatação foi fundamental para prorrogar um pouco mais o momento de retirada e também para começar a se acostumar com a nova condição.

Na voz de Joaquim Cruz

Eu passei a ser humano, mas até aquele momento eu não sabia disso, fui saber depois. Na Dinamarca, durante um treinamento, eu estava super motivado, e pensei: "Essa vai ser minha última prova da temporada!". No dia da competição, eu comecei a aquecer e, como se fosse déjà-vu, uma hora antes, aquilo começou a tocar na minha mente com mais intensidade ainda... Não tem prova como o atletismo, provas individuais, para fazer você viver tanta emoção. É incrível que quando você tem um objetivo você ganha forças sem saber de onde... Você sabe que é vulnerável, que você já está numa idade em que o seu tempo está para acabar, sua janelinha está para fechar. Todo treinamento, toda competição passam a ser uma vitória. Quando venci os 1500 metros no Troféu Brasil, em São José do Rio Preto, foi como se tivesse vencido uma competição superimportante.

Quando existem condições para adaptações a transição pode ser positiva. O sucesso na transição de carreira exige a busca de autonomia pessoal durante a carreira esportiva e a consciência sobre formas de investimento material e libidinal em outras esferas da vida.

O término de carreira e a pós-carreira atlética têm chamado a atenção de estudiosos tanto da psicologia como da sociologia do esporte. Isso porque, ao representar um papel de destaque na indústria cultural contemporânea, o esporte, seus protagonistas e seus feitos são compartilhados socialmente o que torna o atleta uma figura pública, de grande reconhecimento popular e, em alguns casos, a imagem do seu país em âmbito internacional. O desdobramento disso é a dificuldade em manter a privacidade e lidar com cautela com questões que transitam no limite entre o público e o privado. Deixar de defender as cores do país, em alguns casos, é muito mais do que uma decisão pessoal, ela pode representar uma questão de Estado. E diante do contexto social e político vividos, esse final de carreira pode representar o recolhimento e o gozo desejados, como também significar uma forma de traição ou falta de cuidado com milhões de pessoas.

Encerrar a carreira esportiva é um processo similar à morte, no sentido de que se finaliza um processo produtivo – a carreira esportiva – para se iniciar uma nova atividade em um novo papel social, muitas vezes desconhecido enquanto se vive o papel de atleta. Adaptar-se a essa nova atividade é como nascer para uma nova vida.

Por isso, retirar-se das competições e finalizar a carreira esportiva tem sido interpretado por linhas teóricas derivadas da tanatologia – área que estuda os processos de relacionados com a morte –, da gerontologia social – ciência que estuda os processos de envelhecimento – e da psicologia do desenvolvimento (Wylleman et alli, 1999).

Tanatologia é o estudo do processo de morte e de estar morrendo e tem sido aplicada na aposentadoria do esporte por meio de alguns modelos. Um deles é o de "morte social", uma vez que se identifica na aposentadoria do esportista o término de carreira atlética que pode ser acompanhado de perda de função social, isolamento e ostracismo. Outro modelo utilizado para se entender a transição de carreira é o de "consciência social". Essa perspectiva é muito utilizada em instituições hospitalares que precisam lidar com a situação de terminalidade tanto com o paciente enfermo, como com a família e a equipe de saúde. Nessa situação, vivem-se condições extremas, como a necessidade de informar ao paciente sobre seu estado de saúde e à família sobre a impossibilidade de aquela situação persistir por mais tempo. No contexto do esporte, esse quadro é vivido de forma intensa pelo atleta, pelos companheiros de equipe, além da comissão técnica e dirigentes. Em um contexto de consciência duvidosa existe por parte do sujeito que ele está morrendo, mas ele tenta confirmar ou negar a suspeita levantada. No esporte, essas suspeitas se anunciam quando do afastamento de competições, do desligamento da equipe ou pelo tom com que o técnico e/ou companheiros de time se referem ao momento vivido. Por outro lado, no contexto de consciência aberta todos estão cientes da morte, inclusive o próprio sujeito, o que no caso do esporte significa dizer da percepção de todos sobre o final da carreira, permitindo a discussão entre o atleta, técnico e companheiros de time e os sentimentos correspondentes a ela (Martini, 2003).

Na voz de Joaquim Cruz

1994 foi um ano diferente. Descobri que meu corpo começou a envelhecer... O treinamento ficou fácil de ser assimilado, mas meu corpo já não tinha a mesma resistência... Eu fui para a Europa para começar a competir. Antes das corridas, fazia a preparação mental de uma forma, mas na hora de executar o corpo não obedecia o comando da mente. Aquilo começou a causar problemas na minha preparação mental. A mente começou a acompanhar o corpo. Teve momentos que eu não queria entrar na corrida e nem mesmo treinar. Eu simplesmente não via motivação para fazer o treinamento porque eu sabia que o resultado da competição seria negativo.

Outra possibilidade para se compreender a transição de carreira é pela gerontologia social, definida como a "análise sistemática do processo de envelhecimento" (Lavallee & Wyllemann, 2000). Se por um lado a gerontologia social procura explicar as atividades e seus desdobramentos na vida dos que parecem prósperos para a idade, esclarecendo o processo geral de aposentadoria da força de trabalho, no esporte ela busca entender os ajustamentos que o atleta tem que fazer em seus novos papéis sociais. Porém, os psicólogos do esporte têm feito algumas críticas a esse modelo porque consideram os atletas um tipo singular de profissional dentro da sociedade atual, o que lhes proporciona uma condição também diferenciada na aposentadoria, tanto pela precocidade com que ela acontece em relação a outras atividades profissionais, como pela visibilidade que o protagonista da prática esportiva tem para a sociedade.

Embora tenham representado importante avanço nos estudos relacionados à transição de carreira, os modelos da gerontologia social e da tanatologia apresentam algumas limitações. Isso porque o final da carreira é visto como um evento único na vida do atleta e seu foco está situado no final de um processo de desenvolvimento de vida, como se a existência tivesse deixado de ocorrer a partir daí. Não há, nesses casos, a consideração do desenvolvimento de uma nova identidade a partir desse momento, afirmando uma similaridade com a morte e o fim, tomando o término de carreira como um evento absolutamente negativo.

Os modelos da psicologia do desenvolvimento no estudo da transição de carreira, ao contrário dos modelos tanatológicos e gerontológicos, entendem a aposentadoria como um processo e não como um evento único na vida do atleta. Isso porque nessa perspectiva entende-se que a nova identidade é a continuidade do que se passou, inclusive porque a sociedade mantém o reconhecimento do sujeito, e conseqüentemente seus feitos, a partir do papel desempenhado no passado e porque o núcleo social constituído ao longo dos anos de carreira esportiva, principalmente da família, mantém-se o mesmo (Wylleman, Knop, Verdet & Cecic-Erpic, 2007).

Na voz de Joaquim Cruz

[Em Atlanta] Isso você só tem uma vez na vida. Eu sei que não vou estar aqui nas próximas edições. Então, esse foi meu objetivo: viver os Jogos Olímpicos de Atlanta como eles realmente deviam ser vividos. Só faltava aquele momento na minha vida. Eu lembro que terminei a corrida, eu queria dar um beijo na pista, mas eu não tive coragem de fazer por receio de estar interferindo na organização do evento. Então, eu fiquei uns 30 segundos olhando para saída... Foi uma forma de dizer adeus àquele momento. Dias depois, disse para o Luis que estava encerrada a minha carreira, que eu já não tinha mais motivação, não tinha mais história para construir, não tinha mais vontade de continuar treinando. Mesmo assim, continuei treinando por mais um ano, por conta própria, para finalmente encerrar a minha carreira no Troféu Brasil, após uma lesão. Dei uma volta olímpica, tirei as minhas sapatinhas, beijei a pista e fui embora.

Wylleman & Lavallee (2004) postularam que o final da carreira é visto como parte de um processo que representa o ciclo vital com desdobramentos não apenas para a carreira esportiva, mas para a vida do atleta como um todo. Entendem os autores que a dinâmica desse processo depende de situações-chave que se apresentam em vários períodos do desenvolvimento da vida do atleta. O primeiro deles à compreensão da carreira do atleta como a sucessão de estágios, ou seja, progridem em suas carreiras quando enfrentam com sucesso os desafios e tarefas de cada estágio tão bem em um momento inicial quanto posterior. Segundo, assim como o atleta se desenvolve no esporte, ele precisa enfrentar os desafios de cada um dos estágios e das transições em cada um deles. Isso quer dizer não ter habilidade motora apenas, mas habilidades psicológicas, psicossociais, acadêmicas e profissionais.

O ciclo vital proposto por Wylleman & Lavallee (2004) compreende quatro estágios com diferentes níveis de transição. As idades servem como uma referência apenas e pode variar conforme a modalidade esportiva, bem como o grupo social onde o sujeito se encontra.

O primeiro deles, denominado nível atlético, corresponde aos diferentes estágios da carreira esportiva relacionada com o desenvolvimento de habilidades motoras e gesto técnico e compreende:

- a iniciação – na qual a criança é introduzida no sistema do esporte organizado competitivo (6-7 anos)
- o desenvolvimento – é quando o jovem é reconhecido por seu talento e se inicia o treinamento sistemático e as competições (12-13 anos)
- a maestria – reflete o momento de maturidade atlética no qual o atleta alcança o mais alto nível competitivo (18-19 anos)
- a retirada – momento em que os atletas de alto rendimento realizam a transição de sua carreira esportiva (28-30 anos)

O segundo estágio corresponde ao nível psicológico e baseia-se em diferentes estruturas conceituais no referencial da psicologia do desenvolvimento de Erikson (1963), do desenvolvimento cognitivo de Piaget (1971) e do ciclo vital de Havighurst (1973). Os estágios do desenvolvimento psicológico incluem infância, adolescência e vida adulta.

O terceiro estágio relaciona-se às transformações que podem ocorrer no seu entorno, denominado contexto psicossocial. Nesse referente, observa-se quem são as pessoas que o atleta considera de maior importância em sua vida.

Incluem-se nesse contexto as relações entre atleta-técnico, atleta-família e ainda técnico-família, a relação do atleta com o ambiente esportivo onde atua (dirigentes e corpo técnico), com os amigos e companheiros, as relações afetivo-amorosas e outras relações interpessoais significativas.

E finalmente o quarto estágio corresponde à vida escolar do atleta. Muito embora em vários países a educação seja compulsória até os 16 ou 17 anos, os atletas são confrontados com a sobreposição de sua vida escolar e esportiva. Em muitos casos, vários deixam de estudar para se dedicar exclusivamente à prática esportiva, situação que se refletirá de forma dramática quando da transição da carreira esportiva, momento em que o atleta se defronta com a desqualificação para outras atividades profissionais.

Por essa razão, em muitos países estão se desenvolvendo programas de intervenção com o esforço governamental e das instituições esportivas com a finalidade de preparar os atletas para o final de carreira competitiva (Lavalle & Andersen, 2000).

É grande o esforço a ser realizado pelo atleta para se completar o processo de transição de carreira. Para que ela se dê de maneira saudável é preciso um grau de disposição interna para a adequação ao novo papel social que envolve alguns procedimentos. O primeiro diz respeito à assimilação da nova identidade e todos os seus desdobramentos, parafraseando o dito shakespeareano ser ou não ser. Isso tem relação direta com a transformação desse papel junto à sociedade que também necessita de tempo para poder ter o atleta não mais como aquela figura heróica capaz de realizar feitos incomuns, mas como um cidadão que tem obrigações e afazeres.

A apropriação desse novo papel se reflete também nas interações humanas, tanto em nível familiar como com os companheiros do passado que ainda se mantêm nos papéis atléticos (Drahota & Eitzen, 1998).

No modelo formulado por Stambulova (1994), a transição de carreira é tida como um acontecimento crítico da vida, que, como outros, precisa de uma estratégia para ser elaborado e superado. Afirma que esse planejamento estará pautado na história de vida do atleta que se retira, e, portanto, é necessário que se observe a duração e limites de idade da carreira esportiva vivida; a especialização alcançada, caracterizada pelo número de eventos esportivos dos quais participou e pelo número de papéis desempenhados no esporte em toda a extensão de carreira; nível de conquistas; por fim, o custo da carreira, considerando o gasto de tempo, de energia, de saúde e de dinheiro. Há que se considerar ainda o grau de satisfação do atleta com a sua própria carreira e o nível de sucesso e reconhecimento social alcançados.

A realidade do atleta que se dedica a conquistar grandes marcas é árdua, o que o leva a se sentir muitas vezes no limite de sua capacidade. Martini (2003) aponta que atletas com elevados recursos para lidar com as situações de transição tenderão a experimentar menos estresse do que atletas com poucas habilidades para alterar suas rotinas e hábitos de vida, sendo que a qualidade de ajustamento está influenciada pela quantidade de recursos disponíveis para lidar com a nova situação.

Alguns estudos apontam (Crook, & Robertson, 1991; Drahota & Eitzen, 1998; Sinclair & Orlick, 1993) que os atletas tendem a se ajustar melhor à vida depois da carreira atlética caso se aposentem voluntariamente, se forem preparados para a vida depois da carreira esportiva com planos para o futuro, se tiverem uma identidade que estiver exclusivamente definida pelo sucesso no esporte, mas também por relacionamentos sociais, experiências e sucessos fora do domínio esportivo, se sentirem-se confortáveis com o apoio social e com os relacionamentos com os quais estão envolvidos.

Para isso, é desejável que tenham se preparado para esse momento e realizado um curso superior que lhes dê uma outra identidade profissional e que sejam capazes de se desligar de seus esportes depois do pico de suas carreiras, mesmo que venham a ocupar a função de técnicos ou dirigentes.

Na voz de Joaquim Cruz

Demorou quatro anos para eu sentir o efeito da ausência desses 20 anos de carreira. Eu me aposentei, mas o atleta continuou presente. Daí, o Joaquim atleta começou a se distanciar de mim durante as Olimpíadas de Sidney. No início, eu não sabia o que estava acontecendo. Eu levantava no meio da noite para ir ao banheiro e ficava olhando para a rua no escuro, sentindo aquele vazio estranho dentro de mim, sem saber o era. Não disse nada para ninguém. Só fiquei quieto e triste. Sabia que eu nunca mais ia treinar e competir como antes... Nunca mais eu ia ser um atleta naquele nível. Então aquilo se distanciou de mim e agora partiu para sempre.

Dentre os vários fenômenos que a sociedade moderna tem produzido para a emergência de atitudes heróicas, o esporte se destaca como um lócus privilegiado. É importante lembrar que o herói como figura mítica representa o mortal que consegue se aproximar dos deuses em razão de um grande feito. Suas realizações prodigiosas misturam força, coragem e astúcia, distanciando esse sujeito de um personagem que vence em razão de atributos físicos apenas. Ao transferir esse personagem para nossos dias, é possível identificar no atleta de alto rendimento uma espécie de herói onde quadras, campos, piscinas e pistas são convertidos em arenas em dias de grandes competições.

É possível observar que a carreira de uma atleta cumpre, em tese, a mesma trajetória que a vida de um herói (Rubio, 2001).

O momento identificado com o chamado refere-se a etapa em que ainda na infância ou juventude o sujeito se descobre com um nível de habilidade acima da média e é identificado por isso. É aqui que a presença do outro se torna o diferencial, visto que o professor ou técnico sensível àquela habilidade proporciona as condições necessárias para que o talento floresça. Em muitos casos, esse momento também representa deixar a casa dos pais e enfrentar um mundo desconhecido e, por vezes, cheio de perigos. A iniciação propriamente dita é um caminho que envolve persistência, determinação, paciência e um pouco de sorte. Nela são experimentados os limites da determinação do atleta que culminará na participação em eventos nacionais e internacionais representando seu país, amealhando o reconhecimento social pelo seu feito e experimentando os limites da superação. Esse é um espaço reservado aos verdadeiros heróis e lugar onde há o desfrute dessa condição. Mas, considerando a transitoriedade dessa condição e sendo o herói um ser humano, há o inevitável retorno, muitas vezes negado, pois devolve o atleta-herói à sua condição mortal. O retorno pode ser tomado como a volta ao seu cotidiano de treinos, em clubes, em suas cidades de origem, ou no seu limite, à condição social de cidadão, distante da carreira esportiva e dos ambientes de competição. E na tentativa de refutar essa condição são tentadas fugas mágicas como a desmotivação em retornar ao seu clube de origem, a busca de pretextos para retardar o planejamento de treinos ou ainda as inúmeras e repetidas 'despedidas' das competições. Porém, por paradoxal que seja, é apenas nesse momento que ele encontra a liberdade para viver.

Na voz de Joaquim Cruz

As pessoas me perguntam: "Você não sente saudade da competição, do atletismo?" Eu respondo: "Não, porque eu pratiquei o esporte com tanta intensidade que a hora de parar veio naturalmente." Aproveitei todo que eu tinha direito! Aprendi muito sobre o mundo esportivo e garanto que vou continuar aprendendo mais ainda. Aos poucos, vou aprendendo a conhecer o Joaquim atleta melhor, as razões por que ele praticava o esporte com tanta intensidade, os dragões internos que tinha de superar, o significado de uma medalha de ouro, de uma competição, de carregar a bandeira brasileira no desfile. Cada dia estas experiências vão ficando mais distantes e se eternizando na minha vida. Antes, eu me sentia imortal, agora eu tenho que conviver com as fragilidades e os limites do corpo.

Na relação entre o ego e o desempenho de papéis sociais, muitas vezes o atleta se vê identificado apenas com a figura espetacular sugerida pela condição de esportista – aquele capaz de realizar grandes feitos – dificultando sua participação em situações da vida cotidiana e em outras atividades sociais. Se por um lado sua condição de atleta diferenciou-o de uma grande parcela da população, permitindo que goze de privilégios reservados a poucos, por outro dificulta a tomada de decisões de âmbito privado por ser ele uma figura pública.

Saber pôr fim a um papel social exige sabedoria. E poucos no esporte contemporâneo souberam fazer isso com maestria.

Em seu retorno Joaquim Cruz cumpre à risca sua condição heróica: é técnico de atletas olímpicos e paraolímpicos, no Centro Olímpico de Treinamento em Chula Vista – Califórnia, perto de San Diego, cidade que adotou quando ainda era atleta, e mentor de um projeto social em Taguatinga – Brasília, cidade onde sua aventura heróica começou para o atletismo.

Nesse momento, utiliza os conhecimentos adquiridos em sua formação acadêmica como profissional de Educação Física e como atleta acostumado a buscar o limite da perfeição e da resistência. E assim, cumpre com a unidade nuclear de seu monomito.

Repartir as glórias conquistadas com sua comunidade, essa é a condição diferencial do herói.

Uma Síntese: a Afirmação de um Modelo Heróico

Não é tarefa simples dissecar a vida de um campeão olímpico como Joaquim Cruz.

Isso porque depois de completar uma trajetória vitoriosa, com 20 anos de duração, muito não foi dito nesta obra. Aqui se buscou focar os temas centrais que mobilizam a psicologia do esporte, como a capacidade de concentração, a manutenção de estados ótimos de ativação, a motivação intrínseca e a superação.

Entretanto, quando chegamos à transição da carreira, ou afastamento da etapa competitiva, fica manifesto o referencial heróico a moldar a vida desse atleta e que entendemos, subjaz o imaginário do esporte contemporâneo.

Laplantine e Trindade (1997) entendem por imaginário o campo de representações constituído de aspectos formais (significantes) e de conteúdos (significados) sendo, portanto, construído e expresso por símbolos, possuindo um compromisso com o real, mas não com a realidade.

Penetrar no imaginário esportivo desse final de século é, de certa forma, buscar compreender o que faz dessa prática um dos principais eventos sociais ao redor de todo o planeta. As práticas atléticas são milenares e se ritualizaram ao longo dos séculos, constelando um mundo de símbolos, tendo no atleta seu protagonista. Isso nos leva a afirmar que estamos diante da configuração de uma forma de mito.

Sendo o esporte uma manifestação cultural, temos, então, a utilização de um olhar mitológico para a compreensão de algumas situações que vêm se repetindo ao longo do último século. As grandes competições mundiais, tendo à frente os Jogos Olímpicos e a Copa de Mundo de Futebol, monopolizam a atenção de milhões de espectadores ao redor do planeta e elevam algumas pessoas desconhecidas à condição de figuras públicas mundiais, dependendo, para isso, de um bom desempenho ou a quebra de um recorde. E então, surgem novos ídolos que não necessariamente se transformarão em mito.

Atletas que conseguiram repetir seus feitos por mais de uma vez têm seus nomes impressos na memória social, preservando sua condição de mito. O ídolo consegue uma boa performance, mas, cumprida sua trajetória, tem seu brilho apagado e seu nome apenas registrado nos anais.

Essa condição extraordinária, que envolve inevitavelmente a superação de limites, torna o atleta alvo de identificações e projeções, levando-o a ser adorado por sua torcida, e odiado – e às vezes respeitado – pelos adversários. A polaridade da relação amor e ódio, vivida coletivamente, leva a um redimensionamento da importância do fenômeno esportivo para a sociedade moderna.

O nome de Joaquim Cruz está gravado não apenas na história do esporte brasileiro, mas do esporte olímpico e mundial. A retidão de seu caráter, a seriedade com que tratou sua carreira e o nível de excelência que sempre se exigiu o faz ser reconhecido como um atleta singular em um mundo hoje marcado pela busca do resultado a qualquer preço.

Que essa história possa ser reproduzida e multiplicada entre outras muitas crianças originárias das tantas Taguatingas que existem nesse mundo.

Referências Bibliográficas

ANDREN-SANDBERG, A.; THORSSON, O. Pain relief in sports injuries: emergency measures yield good results. *Lakartidningen*. 96 (5): 476-9, 1999.

ANSHEL, M. H.; RUSSEL, K. G. Effect of aerobic strength training on pain tolerance, pain appraisal and mood of unfit males as a function of pain location. *Journal of Sports Science*, 12, 535-547, 1994.

AYATS, J. C. Características pedagógicas del deporte. In: D. Blázquez Sánchez (Org.) *La iniciación deportiva y el deporte escolar*. Barcelona: INDE, p. 49-59, 1999.

BARLOW, D. H. *Anxiety and its disorders: the nature and treatment of anxiety and panic.* 2nd ed. New York: Guilford, 2002.

BARBALET, J. M. *Emoção, teoria social e estrutura social: uma abordagem macrossocial.* Lisboa: Instituto Piaget, 1998.

BARR, K.; HALL, C. The use of imagery by rowers. *International Journal of Sport Psychology.* 15, 290-303, 1992.

BROLINSON, P. G.; SAMPSON, M. Pathophysiology of pain in sports. *Current Sports Medicine Reports.* 2(6): 310-4, 2003.

BUCETA, J. M. *Psicología y lesions deportivas: prevención y recuperación*. Madrid: Dykinson, 1996.

BUCETA, J. M. *Psicología del entrenamiento deportivo*. Madrid: Dykinson, 1998.

BUCKWORTH, J.; DISHMAN, R. K. *Exercise psychology*. Champaign: Human Kinects, 2002.

BURTON, D. Winning isn't everything: examining the impact of performance goals on collegiate swimmers' cognitions and performance. *The Sport Psychologist*, 3, 105-132, 1989.

CAGIGAL, J. M. *Obras selectas*. Madrid: Comité Olímpico Español, 1996.

CALVINO, B.; GRILO, R. M. Central pain control. *Joint Bone Spine* 2005.

CAMPBELL, J. *O herói das mil faces*. São Paulo: Cultrix, s.d.

CASHMORE, E. *Sport Psychology: the key concepts*. London/New York: Routledge, 2005.

CHEVALIER, J.; GHEERBRANT, A. *Dicionário de Símbolos*. Rio de Janeiro: José Olympio, 1998.

CHIRIVELLA, E. C. *Motivación y su aplicación prática al deporte*. Valencia: Promolibro, 1999.

CONTRERAS, O. R.; De LA TORRE, E.; VELÁZQUEZ, R. *Iniciación deportiva*. Madrid, Espanha: Ed. Síntesis, 2001.

COX, R. H. *Sport Psychology: concepts and applications*. Boston, McGraw-Hill, 2002.

COOK, D.B.; KOLTYN, K. F. Pain and exercise. *Internationl Journal of Sport Psychology*, 31, 356-277, 2000.

CROOK, J. & ROBERTSON, S. Transitions Out of Elite Sport. *Sport Psychologist*, 22:115-127, 1991.

CROSSMAN, J. Psychological rehabilitation from sport injuries. *Sports Medicine*, 23 (5), 333-339, 1997.

CSIKSZENTMIHALYI, M. Flow: *The psychology of optimal experience*. New York: Harper & Row, 1999.

CSIKSZENTMIHALYI, M. *Beyond boredom and anxiety*. San Francisco: Jossey-Bass, 1985.

CSIKSZENTMIHALYI, M.; RATHUNDE, K.; WHALEN, S. *Talented teenagers: the roots of success & failure*. Cambridge: Cambridge University Press, 1997.

DECI, E. L.; RYAN, R. M. The 'what' and 'why' of goal pursuits: human needs and the self determination oh behavior. *Psychological Inquiry* 11, 227-68, 2000.

DOSIL, J. *Psicología de la actividad física y del deporte*. Madrid: McGraw-Hill, 204.

DOSIL, J.; CARACUEL, J. C. Psicología aplicada al deporte. In.: J. Dosil (ed.) *Ciencias de la actividad física y del deporte*. Madrid: Síntesis, 2003.

DRAHOTA, J. & EITZEN, D. The Role Exit of Professional Athletes. *Sociology of Sport Journal*, 15, 263-278, 1998.

DUDA, J. L. Goals perspectives research in sport: pushing the boundaries and clarifying some misunderstandings. In.: G. C. Roberts (ed.) *Advances in motivation in sport and exercise*. Champaign: Human Kinects, 2001.

ECK, J. C.; RILEY, L. H. Return to play after lumbar spine conditions and surgeries. *Clinical Sports Medicine* Jul; 23(3):367-79, viii, 2004.

ERICSSON, K. A. & CHARNESS, N. Expert performance: its structure and acquisition. *American Psychologist*, 49, 71-76, 1994.

FALEIROS-SOUZA, F. A. E. & DaSILVA, J. A. Avaliação e mensuração da dor em contextos clínicos e de pesquisa. *Revista da Sociedade Brasileira para Estudo da Dor*, v. 5 (4), 2004.

FIGUEIREDO, S. H.; MOURA, L. Preparação psicológica: o desafio das categorias de base da seleção brasileira de voleibol feminino. In.: K. Rubio (org.) *Psicologia do Esporte aplicada*. São Paulo: Casa do Psicólog, 2003.

GARFIELD, C. A.; BENNETT, H. Z. *Peak performance: mental training techniques of the world's greatest athletes*. Los Angeles: Tarcher, 1984.

GIL, C.; GONZÁLEZ, J. L. El control del estrés en la competición. In.: J. L. González, C. G. Rodríguez, G. M. García (eds) *Manual de prácticas de Psicolgía Deportiva*. Madrid: Biblioteca Nueva, 2001.

GLICK, I. D.; HORSFALL, J. L. Diagnosis and psychiatric treatment of athletes. *Clinics in Sports Medicine*. 24 (4): 771-81, 2005.

GONZÁLEZ, J. L. *Psicología del Deporte*. Madrid: Editora Biblioteca Nueva, 1997.

GOULD, D.; GREENLEAF, C.; KRANE, V. Arousal-anxiety and sports. In.: T Horn (ed.) *Advances in Sport Psychology*. Champaign: Human Kinects, 2002.

GREGG, M.; HALL, C.; NEDERHOF, E. The imagery ability, imagery, use and performance relationship. *The Sport Psychologist*, 19, 93-99, 2005.

GRODDECK, G. *O livro d'isso*. São Paulo : Perspectiva, 1991.

GUERRERO, J. P. Componentes psicológicos de las lesiones deportivas. In.: J. C. Feliu (ed.) *Psicología del deporte*. Madrid: Editorial Síntesis, 1997.

ISO-AHOLA, S. E.; HATFIELD, B. Psychological characteristics and pain tolerante of successful athletes. In.: Iso-Ahola & Hatfield (eds) *Psychology of Sports*. Dubuque: William C. Brown, 1986.

IWAMOTO, J.; TAKEDA, T.; WAKANO, K. Returning athletes with severe low back pain and spondylolysis to original sporting activities with conservative treatment. *Scandinavian Journal of Medicine Sciences Sports*. Dec. 14(6): 346-51, 2004.

HALL, C.; RODGERS, W. M.; BARR, K. A. The use of imagery by athletes in selected sports. *The Sport Psychologist*, 4, 1-10, 1990.

HANIN, Y.L. A study of anxiety in sports. In.: W. F. Straub (ed.) *Sport Psychology: an analysis of athlete behavior*. Ithaca, NY: Mouvement, 1978.

HANIN, Y.L. Interpersonal and intragroup anxiety in sports. In.: D. Hackfort & C. D. Spielberger (eds) *Anxiety in sports: an international perspective*. New York: Hemisphere, 1989.

HARDY, C. J. & CRACE, R. K. Dealing with injury. *Sport Psychology Training Bulletin*, 1 (6), 1-8, 1988.

HARDY, L.; JONES, G.; GOULD, D. *Understanding psychological preparation for sport: theory and practice for elite performers*. Chichester, England: John Wiley and Sons, 1996.

HARRIS, J. C. *Athletes and the american hero dilema*. Champaign: Human Kinetics, 1994.

HILLMAN, S. K. *Avaliação, prevenção e tratamentos imediato das lesões esportivas*. São Paulo: Manole, 2002.

HOLMES, P. & COLLINS, D. Functional equivalence solutions for problems with motor imagery. In.: I. Cockerill (ed.) *Solutions in sport psychology*. London: Thonson, 2002.

JACKSON, S. Joy, fun and flow state in sport. In.: Y. Hanin (ed.) *Emotions in Sport*. Champaign: Human Kinects, 1999.

JAREMKO, M. E.; SILBERT, L.; MANN, T. The differential ability of athletes and nonatletes to cope with two types of pain: a radical behavioral model. *The Psychological Record*, 31, 265-75, 1981.

KOBAYASHI, C. *Da história da dor a dor na história: histórias de vida de pacientes com dor.* Dissertação de Mestrado. Instituto de Psicologia. Universidade de São Paulo, 2003.

KORSAKAS, P. O esporte infantil: as possibilidades de uma prática educativa. In: D. De Rose Jr (org.) *Esporte e atividade física na infância e na adolescência: uma abordagem multidisciplinar*. Porto Alegre: Artmed Editora. p.39-49, 2002.

KOTARBA, J.A. *Chronic Pain: Its social dimensions*. London: Sage, 1983.

KVIST, J.; EK, A.; SPORRSTEDT, K.; GOOD, L. Fear of re-injury: a hindrance for returning to sports after anterior cruciate ligament reconstruction. *Knee Surgery, Sports Traumatology, Arthroscopy*. 13(5):393-7, 2005.

LANDERS, D. M.; BOUTCHER, S. H. Arousal – performance relationships. In.: J. M. Williams (ed.) *Applied Sport Psychology*. Mountain View, CA: Mayfield, 1998.

LAPLANTINE, F.; TRINDADE, L. *O que é imaginário*. São Paulo: Brasiliense, 1997.

LAVALLEE, D. & ANDERSEN, M. B. Leaving sport: easing career transitions. In.: M. B. Andersen (ed.) *Doing sport psychology*. Champaign, Ill.: Human Kinetics, 2000.

LAVALLEE, D. & WYLLEMANN, P. Toward and instrument to assesses the quality of adjustment to career transitions in sport: the British athlete lifestyle assessment needs in career and education (balance) scale. *Proceedings of 10o European Congress of Sport Psychology*. Praga, 1: 322-324, 1999.

LAVOURA, T.; MACHADO, A. A. Investigação do medo no contexto esportivo: necessidades do treinamento psicológico. *Revista Brasileira de Psicologia do Esporte*. N. 2, 2008. Disponível em <http://www.abrapesp.org.br>. Acesso em 15 de abril de 2008.

LeUNES, A. D.; NATION, J. R. *Sport Psychology: an introduction*. Chicago: Nelson-Hall, 1996.

LEWIS, J.; HAVILAND JONES, J. M. *Handbook of emotion*. 2nd ed. New York: Guilford Press, 2000.

LIN, T. Y. Lesões por esforços repetitivos. In.: S. T. Imamura (org.) *Eletroacupuntua Ryodoraku*. São Paulo: Associação Paulista de Medicina, 1996.

LOCKE, E. A.; LATHAM, G. P. *A theory of goal setting and task performance*. Englewood Cliffs: Prentice Hall, 1990.

LOCKE, E. A.; SHAW, K. N.; SAARI, L. M.; LATHAM, G. P. Goal setting and task performance. *Psychological Bulletin*, 90, 125-152, 1981.

MALINA, R. M. *Growth, maturation, and physical activity*. Champaign, Ill.: Human Kinetics, 2004.

MANGAN, J. A. & HOLT, R. Epilogue: Heroes for a European future. In.: (R. Holt; J. A. Mangan; P. Lanfranchi). *European Heroes: myth, identity, sport*. London: Frank Cass, 1996.

MARCHAND, D. B. Targeting futures: goal setting for professional sports. In.: M. B. Andersen (ed.) *Doing Sport Psychology*. Champaign: Human Kinetics, 2000.

MARKUNAS, M. Reabilitação esportiva ou esporte como reabilitação? In: K. Rubio (org.) *Psicologia do Esporte: interfaces, pesquisa e intervenção*. São Paulo: Casa do Psicólogo, 2000.

MARKUNAS, M. *Uma compreensão dos aspectos psicológicos no desenvolvimento de talentos esportivos.* 2005. Dissertação (Mestrado em Educação Física) – Escola de Educação Física e Esporte, Universidade de São Paulo, São Paulo.

MARQUES, J. A. A.; KURODA, S. J. Iniciação esportiva: um instrumento para a socialização e formação de crianças e jovens. In.: K. Rubio (org.) *Psicologia do Esporte: interfaces, pesquisa e intervenção.* São Paulo: Casa do Psicólogo, 2000.

MARTENS, R. *Sport competition anxiety test*. Champaign: Human Kinetics, 1977.

MARTENS, R. *Coaches guide to sport psychology*. Champaign: Human Kinetics, 1990.

MARTENS, R.; VEALEY, R. S.; BURTON, D. *Competitive anxiety in sport*. Champaign: Human Kinetics, 1990.

MARTIN, G. L. *Consultoria em psicologia do esporte: orientações práticas em análise do comportamento*. Campinas: Instituto de Análise do Comportamento, 2001.

MARTIN, K.A.; MORITZ, S. E.; HALL, C.R. Imagery use in sport: a literature review and applied model. *The sport psychologist*, 13, 245-268, 1999.

MARTÍNEZ, J. G. *Entrenamiento mental para deportistas y entrenadores de élite*. Valencia: Invesco, 1991.

MARTINI, L. A. *Causas e Conseqüências da Transição da Carreira Atlética*. In.: K. Rubio (org.) Psicologia do Esporte: teoria e prática. São Paulo: Casa do Psicólogo, 2003.

MASSA, M. *Seleção e promoção de talentos em voleibol masculino*. 1999. Dissertação (Mestrado em Educação Física) – Escola de Educação Física e Esporte, Universidade de São Paulo, São Paulo.

MELHEM, M.; SILVA, M. F. F. Estabelecimento de metas e feedback: técnicas motivacionais. In.: L. F. Angelo & K. Rubio (orgs) *Instrumentos de avaliação em Psicologia do Esporte*. São Paulo: Casa do Psicólogo, 2007.

MELZACK, R.; WALL, P. D. *The challenge of pain*. London: Penguin Books, 1991.

MERSKEY, H.; BOGDUK, N. *Classification of Chronic Pain. Descriptions of Chronic Pain Syndromes and Definitions of Pain Terms*. Seatle: IASP Press, 1994.

MEYER, E. Desconstrucción de la memoria, construcción de la historia. *Historia, antropología e fuentes orales*. n. 19, 1998.

MORAN, A. P. Sport and exercise psychology. *A critical introduction*. London/New York: Routledge, 2000.

MORIN, E. *Introdução ao pensamento complexo*. Lisboa : Instituto Piaget, 2003.

MUNROE, K.J.; GIACOBBI JR., P. R.; HALL, C.; WEINBERG, R. The four Ws of imagery use: where, when, why, and what. *The Sport Psychologist*, 2000, 119-137, 2000.

NAAL, F. D.; MAFFIULETTI, N. A.; MUNZINGER, U.; HERSCHE, O. Sports After Hip Resurfacing Arthroplasty. *American Journal of Sports Medicine.* Jan 11, 2007.

NEMETH, R. L.; Von BAEYER, C. L.; ROCHA, E. M. Young gymnasts' understanding of sport-related pain: a contribution to prevention of injury. *Child: Care, Health & Development.* 31(5):615-25, 2005.

ORCHARD, J.; BEST, T. M.; VERRALL, G. Return to Play Following Muscle Strains. *Clinical Journal of Sport Medicine.* 15(6):436-441, 2005.

PAI, H. J. *Acupuntura: de terapia alternativa a especialidade médica.* São Paulo: CEIMEC, 2005.

PIMENTA, C. A. *Dor: manual clínico de enfermagem.* São Paulo: s.e., 2000.

PLATONOV, V. N. *Teoria geral do treinamento desportivo olímpico.* Porto Alegre: Artmed, 2004.

PONS, D.; GARCÍA-MERITA, M. La ansiedad en el deporte. In.: Isabel Balaguer (dir.) *Entrenamiento psicológico en el deporte.* Valencia: Albatros, 1994.

PROENÇA, J.; CONSTANTINO, J. P. *Olimpismo, desporto e educação.* Lisboa: Edições Universitárias Lusófonas, 1988.

RAGLIN, J. S.; HANIN, Y. L. Competitive anxiety. In.: Y. L. Hanin (ed.) *Emotions in sport.* Champaign: Human Kinects, 1999.

RÉGNIER, G.; SALMELA, J.; RUSSELL, S. Talent detection and development in sport. In: SINGER, R. N.; MURPHEY, M.; TENNANT, L. K. (Eds.) *Handbook of research on sport psychology.* New York: Macmillan, 1993.

RICHARDSON, A. *Individual differences in imaging: their measurement, origins and consequences.* Amityville, NY: Baywood, 1995.

RODGERS, W.; HALL, C.; BUCKOLZ, E. The effect of an imagery training program on imagery ability, imagery use, and figure skating performance. *Journal of Applied Sport Psychology*, 3, 109-125, 1991.

ROFFÉ, M. La preparación psicológica de la selección juvenil argentina sub-20 de fútbol para el mundial 2001: un año de trabajo con futbolistas de elite. In.: Roffé, M.; Ucha, F. E. G. (org.) *Alto rendimiento, psicología y deporte*. Buenos Aires: Lugar Editorial, 77 – 98, 2005.

ROFFÉ, M. (2006) Miedos y Presiones: una investigación con 200 futbolistas de diferentes culturas. *Lecturas: Educación Física y Deportes*. Revista Digital, Buenos Aires, 11, 97. Disponível em <http://www.efdeportes.com>. Acesso em 27 de março de 2008.

ROTELLA, R. J.; HEYMAN, S. R. El stres, las lesiones y la rehabilitación. In.: J. M. Williams (org.) *Psicologia aplicada al deporte*. Madrid: Biblioteca Nueva, 1991.

RUBIO, K. *Medalhistas olímpicos brasileiros: memórias, histórias e imaginário*. São Paulo: Casa do Psicólogo, 2006.a.

RUBIO, K. O imaginário da derrota no esporte contemporâneo. *Psicologia & Sociedade*. V.18, n.1, p.86 - 91, 2006.b.

RUBIO, K. *O atleta e o mito do herói*. São Paulo: Casa do Psicólogo, 2001.

RUBIO, K. A contusão expressando o conflito em um atleta de alto nível: reflexões sobre um caso. *II Fórum Internacional de Medicina Psicossomática*. São Paulo, 1996.

RUBIO, K.; GODOY MOREIRA, F. A representação da dor em atletas olímpicos brasileiros. *Revista Dor*. 8 (1), 926-935, 2007.

RUSSEL, G. W. *The social psychology of sport*. New York: Springer-Verlag, 1993.

SANCHES, L. M. *O convívio com a dor: um enfoque existencial*. Dissertação de Mestrado. Escola de Enfermagem de Ribeirão Preto. Universidade de São Paulo. 146p, 2002.

SANCHES, S. O. *Controle motor, dor e depressão em mulheres com Síndrome de Fibromialgia*. Dissertação de Mestrado. Programa de Pós-Graduação em Ciências do Movimento Humano. Universidade do Estado de Santa Catarina. 131 p, 2007.

SCHILDER, P. *A imagem do corpo: as energias construtivas da psique*. São Paulo: Martins Fontes, 1999.

SELYE, H. The story of the adaptation syndrome evolution of the stress concept. Purely descriptive characterization of the adaptation syndrome. Montreal: *Acta Inc Medical Publishes*, 1952.

SILVA, M. L. S.; RUBIO, K. Superação no Esporte: Limites Individuais ou Sociais? *Revista Portuguesa de Ciências do Desporto*. Vol 03, n. 03, 69-76, 2003.

SIMONS, J. Doing the imagery in the field. In.: M. B. Andersen (ed.) *Doing Sport Psychology*. Champaign: Human Kinects, 2000.

SINCLAIR, D. & ORLICK T. Positive Transitions From High-Performance Sport. *The Sport Psychologist*, 7, 138-150, 1993.

SKILLEN, A. Sport is for losers. In.: M. J. McNamee e S. J. Parry (eds) *Ethics & Sport*. London: Routledge, 2000.

SOLER, A. M. *Transtornos mentales en el deporte*. Madrid: Ediciones Tutor, 1997.

SPIELBERGER, C. D. Theory and measurement of anxiety states. In.: R. B. Cattell & R. M. Dreger (eds) *Handbook of modern personality theory*. New York John Wiley, 1978.

SPIELBERGER, C. D. Theory and research on anxiety. In.: C. D. Spielberger (ed.) Anxiety and behavior. New York: Academic Press, 1966.

STAMBULOVA, N. V. Developmental sports career investigations in Russia: a post-perestroika analysis. *The Sport Psychologist*, v.8, n.3, p. 221-237, September 1994.

STARKES, J. L.; DEAKIN, J. M.; ALLARD, F.; HODGES, N. J. & HAYES, A. Deliberate practices in sport: What is it anyway? In.: K. A. Ericsson (ed.) *The road to excellence: the acquisition of expert performance in the arts and sciences, sports and games.* Mahwah, NJ: Erlbaum, 1996.

UCHA, F. E. G. *El papel de las emociones en el deporte*. Lima: Universidad de San Martín de Porres, 1997.

VALDÉS, H. M. *La preparación psicológica del deportista*. Zaragoza: Inde, 1996.

VALLERAND, R. J. & MIQUELON, P. Passion for sports in athletes. In.: S. Jowett & D. Lavalle (eds) *Social Psychology of Sport*. Champaign: Human Kinects, 2007.

VALLERAND, R. J.; BLANCHARD, C. M.; MAGEAU, G. A.; KOESTNER, R.; RATELLE, C.; LÉONARD, M.; GAGNÉ, M.; MORSALIS, J. Les passions de l'âme: On obsessive and harmonious passion. *Journal of Personality and Social Psychology* 85, 756-67, 2003.

VIEIRA, J.L.P.; VIEIRA, L.F. Crianças no esporte: implicações do abandono de talentos no contexto esportivo. In: KREBS,R.J., COPETTI, F., ROSO, M.R., KROEFF, M.S.; SOUZA, P.H. *Desenvolvimento infantil em contexto*. Florianópolis: Editora da UDESC, 2001.

TAYLOR, J. Intensity regulation and athletic performance. In.: J. L. Van Raalte & B. W. Brewer (eds) Exploring sport and exercise psychology. Washington, DC: *American Psychological Association*, 1996.

TEIXEIRA, M. J.; YENG, L. T. Epidemiologia das condições álgicas mais freqüentes. *Revista da Sociedade Brasileira para Estudo da Dor*. 1ª edição, v. 01, janeiro, 2005.

TEIXEIRA, M. J.; YENG, L. T.; KAZIYAMA, H. H. S.; RAMOS, C. A. Fisiopatologia da dor músculo-esquelética. *Revista de Medicina (USP) – Edição Especial.* V. 80, pp 63-77, 2001.

TURK, D. C.; MELZACK, R. The measurement of pain and the assessment of people experiencing pain. *Handbook of pain assessment*. New York: The Guilford Press, pp. 03-12, 1992.

VALDÉS, H. *Personalidad y deporte*. Barcelona: Inde, 1998.

YENG, L. T.; TEIXEIRA, M. J.; LODUCA, A.; SAMUELIAN, C. Avaliação dos doentes com dor: avaliação psicológica e das condições específicas. *Revista da Sociedade Brasileira para Estudo da Dor.* 4ª edição, v. 01, julho, 2005.

WADDINGTON, I.; LOLAND, S.; SKIRSTAD, B. Introduction. In.: L. Waddington, S. Loland, B. Skirstad (eds) *Pain and injury in sport.* London and New York: Routledge, 2006.

WEINBERG, R. S.; GOULD, D. *Fundamentos da Psicologia do Esporte e do Exercício.* Porto Alegre: Artes Médicas, 2001.

WEINBERG, R. S.; HARMISON, R. J.; ROSENKRANZ, R.; HOOKOM, S. Goal setting. In.: J. Taylor e G. Wilson (eds) *Applying Sport Psychology: four perspectives.* Champaign, Il: Human Kinects, 2005.

WILLIAMS, J.; ROEPKE, N. Psychology of injury and injury rehabilitation. In.: R. N. Singer, M. Murphey & L. K. Tennant (eds) *Handbook of research on Sport Psychology.* New York, MacMillan Publishing Company, 1993.

WYLLEMAN, P.; STAMBULOVA, N. B. & BIDDLE, S. Career transitions in sport: Research and interventions. *Proceedings of 10o European Congress of Sport Psychology.* Praga, 2: 301-303, 1999.

WYLLEMAN, P.; KNOP, P.; VERDET, M. C.; CECIC-ERPIC, S. Parenting and career transitions of elite athletes. In.: S. Jowett & D. Lavallee (eds) *Social Psychology in Sport.* Champaign, Il: Human Kinects, 2005.

WYLLEMAN, P.; LAVALLEE, D. A developmental perspective on transitions faced by athletes. In.: M. Weiss (ed.) Developmental sport and exercise psychology: a lifespan perspective. Morganto wn, WV: *Fitness Information Technology,* 2004.